名师名校名校长

凝聚名师共识

回应名师关怀

打造名师品牌

培育名师群体

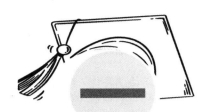

一文三格

学写作

蔡朝霞名师工作室◎著

北京燕山出版社
BEIJING YANSHAN PRESS

图书在版编目（CIP）数据

一文三格学写作 / 蔡朝霞名师工作室著. — 北京：北京燕山出版社，2022.5

ISBN 978-7-5402-6489-5

Ⅰ.①一… Ⅱ.①蔡… Ⅲ.①作文课—初中—教学参考资料 Ⅳ.①G634.343

中国版本图书馆CIP数据核字（2022）第063755号

YIWEN SANGE XUE XIEZUO

一 文 三 格 学 写 作

著 者	蔡朝霞名师工作室	
责任编辑	满 懿	
出版发行	北京燕山出版社	
地 址	北京市丰台区东铁匠营苇子坑138号C座	
电 话	010-65240430	
邮 编	100079	
印 刷	北京政采印刷服务有限公司	
经 销	新华书店	
开 本	170mm×240mm 16 开	
字 数	207千字	
印 张	11.5	
版 次	2022年5月第1版	
印 次	2022年5月第1次印刷	
定 价	68.00元	

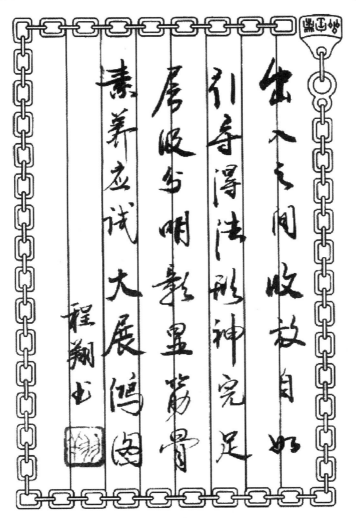

出入之间收放自如

引导得法精神究足

�博收约明毫里筋骨

素养立试大展鸿图

程翔书

语文教育名家、特级教师程翔为本书题词

序 言

PREFACE

叶圣陶先生说过："生活犹如泉源，文章犹如溪流，泉源丰盈，溪流自然活泼地昼夜不息。"由此可见，只有从生活中发现有价值的素材，才会有创作的灵感。奥地利著名小说家卡夫卡说过："写作就是把自己心中的一切都敞开，直到不能再敞开为止。写作也就是绝对的坦白，没有丝毫的隐瞒，也就是把整个身心都灌注在里面。"这又告诉我们，写作是心灵的倾诉，有所感才有好作文。

青少年敏感、富有朝气、对生活充满热情，对新事物充满好奇和冲动，可以说青少年对生活每天都有新领悟、新思考。写作本来是学生倾吐心曲的最好载体，可是很多学生能"心动"、能"嘴动"，却不会"手动"。他们可以说出来自己的感悟，却不能行之于文，不能写出一篇有思想、有创意、有风格的好文章。

中学生作文的常见问题：

1. 把写作看成难以应付的苦差事，苦不堪言。

2. 胡编乱造，为了完成任务拼凑故事，没有独特的发现和视角。

3. 把华丽的词句堆砌起来，采用别人用过的，或老套的、老掉牙的事例。

4. 无从下笔，没有行文思路。

5. 语言平淡，像记流水账。

原因主要有以下四点：

1. 不少学生的写作习惯仍然只限于模仿，根据别人的思路进行布局，用

自己的文意表述别人的感受和思想，人云亦云，没有个性。模仿是基础，如何再创造是成功写作的关键。

2.学生不善于取"小"材，不善于"巧"取材，没有独到体验的话题。

3.初中阶段学习了大量古诗词，学生却不能将典雅的语言活用到作文中，一些不知所云的网络语言充斥文中。

4.不会用修辞。修辞是雕饰语言、美化语言的常用手段。作文中能适时使用上几处，一定会让文章增色不少。

基于以上原因，我的名师工作室开展了"创格"作文的理论和实践研究。我们倡导一文三格学写作，模式如下：

入格：介绍方法，进入格式。

升格：妙用修辞，润色提升。

风格：链接中考，灵活运用。

"创格作文"倡导3个课时完成一个训练目标，举一反三地训练一个可以操作的方法。其中第一课时介绍方法，学生按照老师介绍的方法进行写作，第二课时根据同学们写作中出现的问题进行提升润色，同学们再次改写。第三课时链接中考作文中题目相近或者主题一致的作文，通过三次反复训练，达到举一反三、学以致用的目的。每个主题三个课时的训练就是要把规范表达和创意表达结合起来，第一个课时和第二个课时落脚在规范表达，提供可操作的方法和句式加以训练，第三课时进行创造性表达，灵活运用方法进行个性创作。创意表达立足于规范表达的步步为营的训练。

创格作文模式的特点：

一是每个主题板块三格训练的爬格子；

二是中小学衔接与提升的小坡度；

三是初中阶段六个学期系统训练的长梯子。

经过一年的研究，先后有十多位老师做了研讨课36节，陆续进行了三个年级12次主题板块的训练，经过系统训练，学生的作文会呈现以下亮点：

描写中见创意；

移情中见创意；

文采上见创意；

结构上见创意。

一文三格写作文是本人工作室作文教学研究的一点尝试，对于青年教师开展写作教学有一定的指导作用；接受系列训练的学生会从中受益。由于团队水平有限，很多作文教学中的问题还需要继续深入探究，在此恳请广大教师同仁批评指正。

蔡朝霞

2021年10月9日

目 录
CONTENTS

第一篇　七年级主题板块

第二篇　八年级主题板块

第三篇　九年级主题板块

第一篇

七年级

主题板块

主题一　冰糖葫芦诉真情

——特征结构法

深圳市龙岗区名师工作室主持人　蔡朝霞

第一格：入格作文训练——冰糖葫芦诉真情

【教学目标】

1. 抓住人物最典型的外貌特征来展现人物精神品质。

2. 学会围绕一个中心叙述几件事。

3. 掌握冰糖葫芦法来安排文章结构。

【教学过程】

（一）抓特征

教师肖像中最能体现人物特征的是什么？

特征：①职业；②品质。

根据老师的职业特点，为了揭示人物的优秀品质，我们选用"老师的眼睛"这个外貌特征。

（二）例文引路

老师的眼睛

俗话说："眼睛是心灵的窗户。"我们班的语文老师曹老师有着一双美丽明亮的大眼睛。透过这扇心灵之窗，我们分明可以感受到曹老师那丰富而深切的思想和情感。

曹老师的眼睛是执着的。对待教学，她一丝不苟。每上一节课前，她都会精心地备好课。上课时，她时而带领大家声情并茂地朗读课文；时而给我们讲解与课文有关的课外知识；时而布置一些课题让大家展开讨论。课后作业她都会认真地批改，提出许多自己的见解来帮助同学们提高。正是由于她对语文学科的执着，同学们学习语文的兴趣也越来越高了。

曹老师的眼睛是犀利的。除了教学，曹老师在担任我们班的班主任期间，为了给大家创造一个良好的学习环境，她对我们的要求一直十分严格。明察秋毫，奖罚分明。当同学们学习认真、自觉遵守纪律时，她的眼神便会透出赞许和鼓励；当我们在学习上取得进步或是在学校组织的各类比赛中取得佳绩，她的眼神便会透出高兴和欣慰；当少数同学学习懒散或是违反校纪校规时，她的眼神便会透出威严和愤怒，使得班里那些违反纪律的行为越来越少了。

曹老师的眼睛是温柔的。由于班里同学较多，这使得曹老师的工作十分繁忙。但无论何时，曹老师总会细致和耐心呵护着同学们。每天，是她第一个到校，安排好大家学习。放学后，是她领着我们走出校门，护送完回家要过马路的同学后才最后一个返回。她时常教导我们在学习上要充满信心。一

次，我有幸代表班级参加全校的朗读比赛。由于准备的时间很紧，我心里有点忐忑不安。曹老师看在眼里，她便亲自给我改稿、辅导我的读音。尽管如此，有个别的字我却总也掌握不准发音。我知道曹老师说普通话是国家一级水平，平时要求我们都十分严格，这下准会生气了。没想到她不但没生气，还反过来安慰我不用慌，慢慢来。在她的辅导下，那次比赛我取得了全校二等奖！

随着同学们一天天成长，我们知道，曹老师陪伴我们一起学习的时间是有限的，但她的目光却可以永远伴随着我们。

（三）冰糖葫芦结构图

贯穿全文的线索—小竹棒—眼睛

表现中心的事件—糖葫芦—执着的、犀利的、温柔的

（四）联想拓展

除了眼睛，同学们还能抓住什么典型外貌特征来展现人物的精神风貌呢？请同学们运用冰糖葫芦结构法，抓住人物典型的外貌特征列出提纲：

妈妈的手：勤劳的、灵巧的、温柔的。

（五）现场作文

请同学们运用冰糖葫芦结构法，抓住人物典型的外貌特征作文：《爸爸的肩膀》《爷爷的背》《奶奶的笑》。

妈妈的手

刘依如

妈妈的手像天空，我像天空中的小鸟；妈妈的手像大海，我像大海里的小鱼；妈妈的手像大地，我像大地上的小草。妈妈的手一直在无微不至地呵护着我。

妈妈的手是严格的。妈妈对我学习态度的要求很是严厉，她允许我不

懂，但不允许我不认真。有一次放学回家，老师留了一篇作文让我们写，我绞尽脑汁地思考了很久，想不到写什么好，便敷衍写了几百字。夜深人静的时候，我已经睡熟了，工作了一天的妈妈回来。四周静悄悄的，她从我的书包里拿出了作文本——她早就知道我今天要写作文了。妈妈拿起红笔，帮我批改作文。批改完后她便躺在沙发上睡着了。第二天，她很早叫我起来重新誊写一遍作文，跟我强调着一定要认真地去思考。就算妈妈已很辛苦，也不忘去批改我的作文。

妈妈的手是勤劳的。每天妈妈都会做家务活，却从来没有抱怨过。我跟她说我可以帮她做一点，她却总让我多花点时间去阅读，家务活她做就行了。我记得有一年冬天，家里的洗衣机因为太老旧而不能工作了，爸爸提议去买一台新的回来，妈妈没答应，因为她觉得太浪费钱了，还不如用这些节省下来的钱给我多买几本书，所以整个冬天，妈妈的手都浸泡在水中。我在妈妈不在家的时候，也曾偷偷地用水洗过衣服，刺骨的冷。妈妈是多么的勤劳啊，即使一个人承担，也没有一丝的怨言。

妈妈的手是温暖的。牵着妈妈的手都会感到是温暖的。在寒冷的冬天，牵上妈妈的手，顿时，一种温热留在我心田；在酷热的夏天，牵上妈妈的手，顿时，一种凉爽留在我的心间。在过马路时，妈妈总会把我的手握得紧紧的，怎么也挣不开。在我发烧躺在床上时，妈妈会用她的手给我熬制一碗热腾腾的粥，喂我喝完粥，她会用她温暖的手握着我的手，直到，我的病痊愈。不管是严冬还是酷暑，妈妈会一直用她那温暖的双手鼓励我前行，直到，抵达那遥远的目的地。

妈妈的手是充满爱的。她的手似乎有魔力，在我前面为我挡下那人生道路上寒冷的风和毒辣的太阳。

爸爸的白发

邓美琪

爸爸的头发是两种色的，有黑色也有白色，那一根根白花花的坚硬白发，有几根肩负着工作，几根挑担着我的成长，几根托着家庭的重任，又有一些挑着生活的烦恼。

以前只认为是爸爸年纪的问题。但回想起来，爸爸的每一根白发都记下了他对我无私的爱与这些年来他的奔波、艰辛。

在我住院时，我看到了爸爸对我细心的关怀。初到医院的我，对那儿的一切很不习惯。爸爸因为舍不得我难受，每天早早地把我送去离家不近的医院后再匆匆忙忙地赶去上班，那时他总是尽量早下班来接我，为了我把他自己乏困抛之脑后。那时的我整天过着舒适的日子，却忘了爸爸对我的付出。爸爸的白发一根根地在我脑中回荡，那感觉是那么的深刻。

乍眼一看，爸爸普通得不能再普通了，他虽不高不壮，无权无势。可他为了这个家一直努力地工作。爸爸十分忙碌，整个月下来才获得两天难得的休息日。爸爸总是那么关心我。"只要你自己爱护自己的身体，认真学习，就好了。"这句话是那么的熟悉，这是爸爸在父亲节时最渴望的愿望，爸爸总是关心着我的明天。希望我将来可以过上好日子；总担心我的成绩，我的健康。而我往往忽略了这不经意的一点一滴。不知为什么，现在想起爸爸对我的爱，一股深深的惭愧。

此时此刻我又再次注视着爸爸的面孔，我看到了他工作的负担，养家的辛苦。现在看看，那不仅仅是一根白发，而是他为我付出的心血！在我的心中将永远镌刻着这些刻骨铭心的白发。

第二格：升格作文训练——诗情画意升主题

【教学目的】

1. 运用比喻句和排比句来抒情。

2. 运用联想和想象升华中心。

【教学过程】

（一）仿句训练

照应：《执着的眼睛》

老师的眼睛，像蓝色的天空。我们是一朵一朵白云。在她的注视下，自由地飘来飘去……

照应：《犀利的眼睛》

老师的眼睛，像_____。我们是_____，_____。

照应：《温柔的眼睛》

老师的眼睛，像_____。我们是_____，_____。

（二）妙用比喻法开头点题

1. 以花喻人，抒发儿女对母亲的依恋之情，唱出了对慈母的赞歌。比喻新颖，语言清丽，感人至深。

2. 仿句训练：

母亲啊！你是荷叶，我是红莲，心中的雨点来了，除了你，谁是我在无

遮拦天空下的荫蔽？

母亲啊！您是_____，我是_____，_____，_____。

您是_____，我是_____，_____，_____。

您是_____，我是_____，_____，_____。

3.《爸爸的肩膀》仿句训练：

爸爸的肩膀像大树，我像树上攀附的藤萝（游乐的肩膀）。

爸爸的肩膀像大山，我像_____（背书包的肩膀）。

爸爸的肩膀像房檐，我像_____（遮风挡雨的肩膀）。

（三）联想迁移法结尾

请学生结合自己作文，改写这首诗，学会联想迁移法结尾。

小小的_____，

也想抬起头来，

感谢_____的爱

然而深厚的恩慈，

反使他终于沉默。

_____啊！

你是那_____吗？

（四）改写

运用妙用比喻法开头和联想迁移法结尾，重新改写上一篇作文。

妈妈的手

刘依如

妈妈的手像一把沉重的锤子，我就是那块生铁，在它的敲打下，变成了钢材；妈妈的手像辛勤的鸟儿，我就是鸟儿停歇的绿叶，每天倾听动听的乐曲；妈妈的手像皎洁的月光，我就是月光下的凤尾竹，任月光静静地抚慰我的心房。（这三个排比句和下文三个事例一一照应。）

　　妈妈的手是严格的。妈妈对我学习态度的要求很是严厉，她允许我不懂，但不允许我不认真。有一次放学回家，老师留了一篇作文让我们写，我绞尽脑汁地思考了很久，想不到写什么好，便敷衍写了几百字。夜深人静的时候，我已经睡熟了，工作了一天的妈妈回来。四周静悄悄的，她从我的书包里拿出了作文本——她早就知道我今天要写作文了。妈妈拿起红笔，帮我批改作文。批改完后她便躺在沙发上睡着了。第二天，她很早叫我起来重新誊写一遍作文，跟我强调着一定要认真地去思考。就算妈妈已很辛苦，也不忘去批改我的作文。

　　妈妈的手是勤劳的。每天妈妈都会做家务活，却从来没有抱怨过。我跟她说我可以帮她做一点，她却总让我多花点时间去阅读，家务活她做就行了。我记得有一年冬天，家里的洗衣机因太老旧而不能工作了，爸爸提议去买一台新的回来，妈妈没答应，因为她觉得太浪费钱了，还不如用这些节省下来的钱给我多买几本书，所以整个冬天，妈妈的手都浸泡在水中。我在妈妈不在家的时候，也曾偷偷地用水洗过衣服，刺骨的冷。妈妈是多么的勤劳啊，即使一个人承担，也没有一丝的怨言。

　　妈妈的手是温暖的。牵着妈妈的手都会感到是温暖的。在寒冷的冬天，牵上妈妈的手，顿时，一种温热留在我心田；在酷热的夏天，牵上妈妈的手，顿时，一种凉爽留在我的心间。在过马路时，妈妈总会把我的手握得紧紧的，怎么也挣不开。在我发烧躺在床上时，妈妈会用她的手给我熬制一碗热腾腾的粥，喂我喝完粥，她会用她温暖的手握着我的手，直到，我的病痊愈。不管是严冬还是酷暑，妈妈会一直用她那温暖的双手鼓励我前行，直到，抵达那遥远的目的地。

　　小小的花儿，感谢雨露的滋润。

她快快长大，绽放自己的一抹鲜艳。

妈妈，你是那渐渐消失的雨露吗？

爸爸的白发

邓美琪

有黑色也有白色，

那一根根白花花的坚硬白发，

有几根肩负着工作，

几根挑担着我的成长，

几根托着家庭的重任，

又有几根挑着生活的烦恼。

以前只认为是爸爸年纪的问题。但回想起来，爸爸的每一根白发都记下了他对我无私的爱与这些年来他的奔波，艰辛。

在我住院时，我看到了爸爸对我细心的关怀。初到医院的我，对那儿的一切很不习惯。爸爸因为舍不得我难受，每天早早地把我送去离家不近的医院后再匆匆忙忙地赶去上班，那时他总是尽量早下班来接我，为了我把他自己的乏困抛之脑后。那时的我整天过着舒适的日子，却忘了爸爸对我的付出。直到有一天，爸爸担心我输液时间长躺着累，他低下头为我整理被子，给我的头下放了一个靠垫，我惊讶地发现，爸爸长了白头发，在浓密的黑发中很显眼。爸爸的白发一根根地在我脑中回荡，那感觉是那么的深刻。

乍眼一看，爸爸普通得不能再普通了，他虽不高不壮，无权无势。可他为这个家一直努力地工作。爸爸十分忙碌，整个月下来才获得两天难得的休息日。爸爸总是那么关心我。"只要你自己爱护自己的身体，认真学习，就好了。"这句话是那么的熟悉，这是爸爸在父亲节时最渴望的愿望，爸爸总是关心着我的明天。希望我将来可以过上好日子；总担心我的成绩，我的健康。而我往往忽略了这不经意的一点一滴。现在看到爸爸头发已经花白，不知为什么，就会想起爸爸对我的爱，一股深深的惭愧，涌上心头。和别的孩子相比，我更任性、更顽皮；和别人的爸爸相比，他却早生华发。

　　我还见过灯光下的爸爸的白发，他经常在台灯下认真工作。那次公司要一份计划，爸爸回家之后还要加班，只见他皱紧眉头，若有所思，一会儿奋笔疾书，一会儿冥思苦想。在灯光的照耀下，那根根白发像银针，闪烁着光芒；又像星光，照亮了夜空。此时此刻我又再次注视着爸爸的面孔，我看到了他工作的负担，养家的辛苦，现在看看，那不仅仅是一根白发，而是他付出的心血！爸爸的白发，刻骨铭心。

　　小小的花，

　　也想抬起头来，

　　感谢春光的爱——

　　然而深厚的恩慈，

　　反使他终于沉默。

　　爸爸啊！

　　你是那春光吗？

第三格：创格作文训练——中考实战超链接

【链接中考题目，巧妙入题】

作文题目：

我们生活在这个多彩的世界，但匆匆前行的脚步，却让我们忽略了原来就在身边的美好：幸福、关爱、信任……温暖的亲情、纯真的友谊、美好的春天……

请以"_____，原来一直都在我身边"为题目，将题目补充完整后写一篇不少于600字的作文。

要求：

（1）除诗歌外，文体不限。

（2）文中不得出现真实的人名、校名。

（3）请将题目及文章写在稿纸上。

把《老师的眼睛》开头进行改写，补写题目《那双眼睛，一直在我身边》改写开头如下：

那双眼睛，其实一直都在我身边。在我找不到方向时，那双眼睛，坚定地鼓励着我；在我遭遇了失败时，那双眼睛透出暖暖的爱意，注视着我；在我有了过错时，那双眼睛一丝不苟地审视着我。

【运用开头入题的写法进行作文】

2015年遂宁中考作文题目：风景　古往今来，文人为我们留下了无数动人的风景：早莺新燕的蓬勃生机，安塞腰鼓的恢宏气势；肥胖父亲的蹒跚背影，福楼拜家的欢声笑语；镰刀头羊的坚定步伐，愚公移山的刚毅执着；桃花源里的怡然自乐，大同社会的诚信和睦……

那么，在现实生活里，你眼里、心中的风景又是怎样的呢？

请以"风景"为话题，自拟题目，写一篇不少于600字的作文。

白发，最美的风景

邓美琪

爸爸的头发，

有黑色也有白色，

那一根根白花花的坚硬白发，

有几根肩负着工作，

几根挑担着我的成长，

几根托着家庭的重任，

又有几根挑着生活的烦恼。

这，是最美的风景。

以前只认为是爸爸年纪的问题。但回想起来，爸爸的每一根白发都记下了他对我无私的爱与这些年来他的奔波、艰辛。

在我住院时，我看到了爸爸对我细心的关怀。初到医院的我，对那儿的一切很不习惯。爸爸因为舍不得我难受，每天早早地把我送去离家不近的医院后再匆匆忙忙地赶去上班，那时他总是尽量早下班来接我，为了我把他自己的乏困抛之脑后。那时的我整天过着舒适的日子，却忘了爸爸对我的付

· 13 ·

出。直到有一天，爸爸担心我输液时间长躺着累，他低下头为我整理被子，给我的头下放了一个靠垫，我惊讶地发现，爸爸长了白头发，在浓密的黑发中很显眼。那天，爸爸的白发定格成了病房里面最美的风景。

乍眼一看，爸爸普通得不能再普通了，他虽不高不壮，无权无势。可他为了这个家一直努力地工作。爸爸十分忙碌，整个月下来才获得两天难得的休息日。爸爸总是那么关心我。"只要你自己爱护自己的身体，认真学习，就好了。"这句话是那么的熟悉，这是爸爸在父亲节时最渴望的愿望，爸爸总是关心我的明天。希望我将来可以过上好日子；总担心我的成绩，我的健康。而我往往忽略了这不经意的一点一滴。现在看到爸爸头发已经花白，不知为什么，就会想起爸爸对我的爱，一股深深的惭愧，涌上心头。和别的孩子相比，我更任性、更顽皮；和别人的爸爸相比，他却早生华发。我的爸爸虽然有着花白的头发，看起来显得老气横秋，可是，白发，已经成为我们家最美的风景。

我还见过灯光下爸爸的白发，他经常在台灯下认真工作。那次公司要一份计划，爸爸回家之后还要加班，只见他皱紧眉头，若有所思，一会儿奋笔疾书，一会儿冥思苦想。在灯光的照耀下，那根根白发像银针，闪烁着光芒；又像星光，照亮了夜空。此时此刻我又再次注视着爸爸的面孔，我看到了他工作的负担，养家的辛苦。现在看看，那不仅仅是一根白发，而是他付出的心血！爸爸的白发，爸爸对工作的负责，也成了办公室最美的风景。

风景，不必是美丽的青山绿水，也不必是绚烂的红花绿柳，白发，也是一种美丽的风景。

主题二　以小见大凸主旨

——小事件大主题

蔡朝霞名师工作室成员，龙岗区可园学校　戴丽红

第一格：入格作文训练——以小见大凸主旨

【教学目标】

1.学会生动完整地记叙一件事。

2.运用以小见大的写作手法。

【教学过程】

（一）导入

"一沙一世界，一花一天堂。"生活中的任何细小事物都承载着真情，蕴含着哲理，有心的我们可以把身边的小事物活灵活现地再现到我们的作文

中来。

（二）温故知新

1. 提出问题：莫怀戚的《散步》这篇文章记叙了一件什么事？通过学习这篇文章，我们收获了什么写作手法？

教师明确：记叙文的六要素和以小见大的写作手法。

2. 进一步引导学生从"七上"所学教材中寻找采用以小见大写作手法的文章。

如：《荷叶·母亲》《从百草园到三味书屋》《再塑生命的人》等。

（三）畅所欲言，捕捉"小人小事"

"小"是指蕴含生活哲理的小事物，反映时代潮流的小故事、小事件、小场景，也可以是人的一个眼神、一个动作、一句话……

在写作时，不一定要写大人物、大事件，生活中的平凡人、平凡事，只要我们感受独到，写出来就是一篇好文章。正如艺术家罗丹所说："所谓大师，就是这样的人，他们用自己的眼睛去看别人看过的东西，在别人司空见惯的东西上，能够发现出美来。"

小组合作，分享生活中的"小"，这"小人小事"中蕴藏的"大情""大理"。

（四）范文引路

默读《走一步，再走一步》，思考这篇文章是如何记叙小事的？又凸显出什么主题？

（五）实战演练

同学们，"事事洞明皆学问，人情练达即文章"，莫顿·亨特能够从儿时的一件小事中，感悟出人生的哲理，善于感悟，人就会聪明起来。面对生活，你们也会有诸多的感受，试以"那件事告诉了我＿＿＿＿＿＿"为题写一篇文章（先将题目补充完整）。

那件事告诉了我要有耐心

滕筱文

那是个终身难忘的下午，虽然我受到了父亲的严厉批评，但却因此有幸明白了耐心的重要性。

那个夏日的午后，天气异常炎热，让人喘不过气来。如果能再次跳进冰凉的泳池，那不是一大幸事？我心里暗暗叫好。可桌面上堆积如山的作业把我从幻想中拉回了现实。我想：这小山高的作业不比炎热的天气更能让人窒息！哎……也只有叹息的份儿了。我又拿起了笔，开始战斗！可望着道道如紧箍咒般的数学题，我再一次被箍住了脑袋，坚持不下去了。便心生偷懒之意，囫囵吞枣起来。我开始"奋笔疾书"，遇到不会或犹豫的题，就马马虎虎蒙混过关，"唰唰唰"两下，作业写完了。我把作业一甩，换好衣服，在征得父亲同意后，飞奔出门。

享受着游泳带来的乐趣与冰凉，让我浑然不知一场"灾难"的降临。

回到家，我正兴奋，却看见平常和蔼的父亲今天严肃地站在书桌前，严厉地批评了我，对我语重心长地说："在学习上，连着点儿耐心都没有，以后更不要学了，学习贵在坚持、耐心，欲速则不达啊！"父亲拍了拍我的肩膀，走了出去，留我一个人在房间反思。

耐心是一杯耐人寻味的清茶，入口虽有些苦涩，慢慢品味，你会尝到阵阵回甘和淡淡香气。

耐心是一朵七色花，每摘下一朵，都有意外的惊喜。

那件事告诉了我要有耐心。

那件事告诉了我坚强

宫鸣南

还记得运动会那个让人激动万分的赛场。我信心满满，手里握着的棒子也化作了胸中的火焰，就等着发令员一声令下好让我的小宇宙爆发。

"啪"的一声，我像一只羚羊在草原上飞跑，又如同离弦的箭猛地弹出。我的双脚似踏着风火轮，潇潇洒洒地奔跑着，那速度让我激动，心中痛快极了。胜利100m，90m，80m，最后50m了！胜利就在眼前啦！身子忽然猛地一抖，失去了重心，我摔倒在地，和炙热的大地来了个"深情拥抱"。我想要站起来，可双腿不听使唤。眼看着对手从我身边跑过，我却不能站起来。时间在流逝，参赛选手都已经到终点了。

老师和同学们焦急地望着我，突然间觉得很对不起他们。"站起来，快！跑起来，你行的！"老师熟悉的声音朝我传来。是啊，我得站起来啊！我怎么能就这样萎靡不振呢？曾经那个活泼的我去哪儿了？我得坚强，不能被这小小的困难束缚住。第100次摔倒也要再101次站起来，僵硬的双腿变得灵活起来了，我像那春风吹又生的野草一样挺过来了。困难总有被克服的一刻啊！

人生不可能一帆风顺，而是充满了艰辛，只有先学会坚强，你才能走完全程，这一步比任何的东西都重要。

第二格：升格作文训练——综合表达传真情

【教学目标】

1.学会综合运用多种表达方式。

2.亮丽语言彰显人物情思。

【教学过程】

（一）美文赏析

1.宫鸣南《那件事告诉了我坚强》。

2.滕筱文《那件事告诉了我要有耐心》。

（二）佳句美读

1.死神还在慢慢逼近，我想去救大家，可又怕死，不敢去。我内心极度自卑。就在那惶惑的一刹那，我想起了一句话：真正的胆量，是当你在害怕的时候，仍旧面对着危险而毫不畏惧。

（林子豪）

2.首先映入眼帘的是一张醒目的脸，留着浓密的短发，虽矮小却健壮的身材，他猴儿似的蹿了过来，教室如同他的猴园似的。

（詹裕明）

3.金灿灿的阳光给跑道镀上了一层金色，充满着生机和热情，让人迫不

及待地想奔向远方。

（宫鸣南）

4. 忽然，一股悠扬的琴声从远处传来。细细聆听，像是黄莺婉转的歌声，又像是小溪欢快的流水声，真是让人醉了心脾。

（陈怡彤）

5. 相信美好，别仅仅是因为迷恋美好的东西带给你的愉悦；承认缺陷，而不掉进黑暗的泥沼中去。这世界并非不好，只不过是我们未曾见过罢了。

（张瑞林）

6. 没有礁石，就没有美丽的浪花；没有挫折，就没有壮丽的人生。阳光总在风雨后，不经历风雨怎能见彩虹。人生的失败往往是在关键的时候少了一份坚持。

（林依芹）

7. 疲劳时，母爱藏在那杯淡淡的绿茶中；失败时，母爱藏在那句温暖的话语中；生病时，母爱藏在那个焦急的眼神中。

（王杨）

（三）习作不足

1. 人物描写不能体现人物的性格特征，没有彰显人物情感。

2. 景物描写没特色，没起到衬托人物心情或渲染气氛的作用。

3. 表达方式单一，以记叙为主，缺少议论、抒情和描写。

（四）综合表达传真情

1. 人物描写，活灵活现

修改前：戴老师说："你走吧！"

修改后：

① 一贯严肃的戴老师，两眼一瞪，火冒三丈地说："你走吧！"

② 面带微笑的戴老师，愉快地打着手势，亲切地说："你走吧！"

2.情景交融，正衬烘托。

修改前：早晨，阳光照着我的卧室，小鸟在树上鸣叫。

修改后：风和日丽的早晨，微黄的阳光斜射进我的卧室，窗外树枝上的鸟儿也高兴起来了，呼朋引伴地卖弄清脆的喉咙，唱出婉转的曲子。

（五）小结

作文中，人物和景物的刻画，都应当做到生动、形象，具备立体感。了解修饰语和描写的作用，懂得运用修饰语和描写去刻画人物和景物的方法，让作文语言亮起来。

一篇优秀的作文，一定要应用多种表达方式，以记叙为主，还要采用议论、抒情和描写的表达方式。

（六）修改作文

那件事告诉了我要有耐心

滕筱文

欲速则不达。

——题记

望着父亲怒得涨红的脸，我惊愕得说不出话来。耳边紧接着传来含着愤怒的说话声，我面红耳赤，既羞愧又紧张，连头都不敢抬，流下了满含歉意的眼泪。那是个终身难忘的下午，虽然我受到了父亲的严厉批评，但却因此有幸明白了耐心的重要性。

那个夏日的午后，天气异常炎热，让人喘不过气来。如果能再次跳进冰凉的泳池，那不是一大幸事？我心里暗暗叫好。可桌面上堆积如山的作业把我从幻想中拉回了现实。我想：这小山高的作业不比炎热的天气更能让人窒

息！哎……也只有叹息的份儿了。我又拿起了笔，开始战斗！可望着道道如紧箍咒般的数学题，我再一次被箍住了脑袋，坚持不下去了。便心生偷懒之意，囫囵吞枣起来。我开始"奋笔疾书"，遇到不会或犹豫的题，就马马虎虎蒙混过关，"唰唰唰"两下，作业写完了。我把作业一甩，换好衣服，在征得父亲同意后，飞奔出门。

享受着游泳带来的乐趣与冰凉，让我浑然不知一场"灾难"的降临。

回到家，我正兴奋，却看见平常和蔼的父亲今天严肃地站在书桌前，我才心知大事不妙，畏头畏脚走到父亲面前，一副准备"受死"的模样。父亲严厉地批评了我，对我语重心长地说："在学习上，连点儿耐心都没有，以后更不要学了，学习贵在坚持、耐心，欲速则不达啊！"父亲拍了拍我的肩膀，走了出去，留我一个人在房间反思。

是啊，做什么事都要有耐心，切不可拔苗助长，不然物极必反，事倍功半。不管是学习上还是生活上做人做事都要有耐心，不急，慢慢来，相信耐心的多次尝试，会使你步入成功，到达彼岸。

耐心是一杯耐人寻味的清茶，入口虽有些苦涩，慢慢品味，你会尝到阵阵回甘和淡淡香气。

耐心是一朵七色花，每摘下一朵，都有意外的惊喜。

那件事，告诉了我要有耐心。

那件事告诉了我坚强

宫鸣南

在成长的道路中，我们曾是被羽翼呵护着的，可是总有那么一天羽翼会消失……人总得有经历让自己变得坚强。

还记得运动会的赛场，那个让人激动万分的赛场。金灿灿的阳光给跑道镀上了一层金色，看上去充满着生机和热情，让人迫不及待地想奔向远方。

我信心满满，手里握着的棒子也化作了胸中的火焰，就等着发令员一声令下好让我的小宇宙爆发。

"啪"的一声，我像一只羚羊在草原上飞跑，又如同离弦的箭猛地弹出。我的双脚似踏着风火轮，潇潇洒洒地奔跑着，那速度让我激动，心中痛快极了。胜利100m，90m，80m，最后50m了！胜利就在眼前啦！身子忽然猛地一抖，失去了重心，我摔倒在地，和炙热的大地来了个"深情拥抱"。我想要站起来，可双腿不听使唤，我心里五味杂陈，屈辱的泪水从眼眶中溢出。胸前似堵了什么东西说不出话来。眼看着对手从我身边跑过，我却不能站起来。时间在流逝，参赛选手都已经到终点了。

老师和同学们焦急地望着我，突然间觉得很对不起他们。"站起来，快！跑起来，你行的！"老师熟悉的声音朝我传来。是啊，我得站起来啊！我怎么能就这样萎靡不振呢？曾经那个活泼的我去哪儿了？我得坚强起来，不能被这小小的困难束缚住。第100次摔倒也要再101次站起来，僵硬的双腿变得灵活起来了，我像那春风吹又生的野草一样挺过来了。困难总有被克服的一刻啊！

鸟儿从巢里落下并不意味着死亡，而是从失败中坚强地飞起来，这样才会飞得更高。我们也一样，要学会坚强地去面对困难，不能垂头丧气。人生不可能一帆风顺，而是充满了艰辛，只有先学会坚强，你才能走完全程，这一步比任何的东西都重要。

第三格：创格作文训练——中考实战超链接

【链接题目】

作文题目一：

成长是奇妙的旅程，软弱的可以变得坚强，自大的能够学会谦虚，自私的也会懂得感恩……就这样，一切都在不经意间发生着变化，在你成长的过程中，应该也发生过一些事情，让你认识到另一面的自己吧！

请以"原来，我也很_____"为题，写一篇不少于600字的作文。

作文题目二：

有多少人，难以忘怀；有多少事，可以重来。精彩的瞬间，美好的恒久，点亮了我们生命的星空。

还记得吗？曾经关爱你的那个人，温暖你的那件事，愉悦你的那道景，感动你的那份情——那眼神、那微笑、那陪伴、那鼓励……都定格在你的心灵深处。

请以"那时，那_____"为题，写一篇文章。

【移花接木，创造精彩】

原来，我也很坚强

在成长的道路中，我们曾是被羽翼呵护着的，可是总有那么一天羽翼会消失……人总得有经历让自己变得坚强。

还记得那年运动会，老师给我报了400米的接力跑。我深知我的实力并不足以上赛场，于是一股恐惧和不安涌上我的心头。我害怕极了，生怕给班级拖后腿。尽管害怕，但我不能让老师失望！我内心拼命给自己加油打气，自那以后，我每天都会去练习跑步，为的就是这场比赛。

令人万分激动的比赛终于来了，金灿灿的阳光给跑道镀上了一层金色，看上去充满着生机和热情，让人迫不及待地想奔向远方。我信心满满，想为自己这几天的练习交上一份答卷，手里握着的棒子也化作了胸中的火焰，就等着发令员一声令下好让我的小宇宙爆发。

"啪"的一声，我像一只羚羊在草原上飞跑，又如同离弦的箭猛地弹出。我的双脚似踏着风火轮，潇潇洒洒地奔跑着，那速度让我激动，让我感觉这几天的努力没有白费，心中痛快极了。胜利100米，90米，80米，最后50米了！胜利就在眼前啦！身子忽然猛地一抖，失去了重心，我摔倒在地，和炙热的大地来了个"深情拥抱"。我想要站起来，可双腿不听使唤，我心里五味杂陈，屈辱的泪水从眼眶中溢出。胸前似赌了什么东西说不出话来。眼看着对手从我身边跑过，我却不能站起来，此事我恐惧到了极点，我想到了放弃，就此趴下算了。时间在流逝，参赛选手都已经到终点了。

老师和同学们焦急地望着我，突然间觉得很对不起他们。"站起来，快！跑起来，你行的！"老师熟悉的声音朝我传来。是啊，我得站起来！我怎么能这样萎靡不振呢？这几天的努力难道就要这么都白费了吗？我也可以很坚强，不能被这小小的困难束缚住。第100次摔倒也要再101次站起来，僵硬的双腿变得灵活起来了，我像那吹又生的野草一样挺过来了。原来，我也很坚强！

鸟儿从巢里落下并不意味着死亡，而是从失败中坚强地飞起来，这样才会飞得更高。人生不可能一帆风顺，而是充满了艰辛，我们要坚信自己也很坚强，这一步比任何的东西都重要。

主题三　善于观察会发现

——细致观察法

蔡朝霞名师工作室成员，龙岗区石芽岭学校　黄向荣

第一格：入格作文训练——真实情境触发写作思维

【教学目标】

1.知识与能力：掌握观察的多种角度，明晓写作从观察开始。

2.过程与方法：引导学生细心观察和感受写作对象，借鉴观察方法，捕捉美好的、有意义的瞬间，记录自己的感受体验。

3.情感态度与价值观：让学生养成观察景物的习惯，热爱自然、热爱生活。

【教学重难点】

1. 让学生理解观察后可以从多个角度对一事物加以思考、分析，获得丰富写作素材，从而拓宽写作思路。

2. 创设情境，从不同角度、侧面分析、思考事物，鼓励学生交流，培养学生交流提升的能力。

【教学方法】

小组合作交流法、比较归纳法、练习法等。

【教学过程】

（一）图片导入引发思考

1. 出示学生熟悉的一张图景，例如校门口的一株植物，引入上课题目。

（1）教师导入：我们每天从这个场景经过，你看见了什么？

（2）教师点拨：图片中有的？事物背后的？

（3）PPT展示："我们每个人都有一双眼睛，基本上都做一个动作，扫视；还有一个动作，凝视。这个世界非常奇怪，如果你不凝视它，你将走不进这个世界。你必须凝视它，耐心地、目不转睛地凝视，才能有所发现，奇迹就会发生……很多同学作文写不好的原因之一，是只完成了第一个动作，没有完成或者干脆没有想到完成第二个动作，所以世界在你的眼里就没有什么新奇之处了。"

——曹文轩

（4）教师明确："看见"后还要具备一些触发思维的知识，就可以创生出非常丰富的写作内容。

2.介绍观察的思维策略。

（1）教师导入：观察某事物后，你还有可能进行哪些思维策略？

（2）教师点拨：根据学生的回答进行概括和引导。

（3）PPT展示：

描述：颜色、形状、声音、气味、大小等物理特征。

比较：与什么相似？在哪些方面相似？与什么相异？在哪些方面相异？

联想：你想到了世界上其他的什么（事物、生活方式、氛围、情感状态……）呢？

分析：它内在蕴含着什么样的能量？什么因素使之成为这样？

运用：能够做什么？有哪些用途？

评论：对这一事物做出或褒或贬的评论。

（二）情境创设用心观察

1.走进校园某个景观处，用上一个环节学习的思维策略进行观察。

（1）教师指导：先远观，再近观。先观察无人时的情景，再观察有人时的情景。观察景物主体，也要观察周围的景物。近观时运用多种感官做细致观察。

（2）学生观察：适当在携带的笔记本上做记录。

2.头脑风暴，集思广益。

（1）学生发言：畅谈所观所感。

（2）教师总结：教师根据学生的回答在黑板上画思维导图，梳理出运用各种思维策略观察的结果。

（3）学生构思：学生也在自己的本子上画出观察的思维导图，为写作确定素材，奠定基础。

（三）布置作业

经过用心观察、各种思维策略的运用，头脑风暴的碰撞，同学们已经获得了十分丰富的写作素材，请运用以上方法，写校园一景。

要求：

1.写景作文，内容中务必体现出主体景观。

2. 题目自拟，字数不少于600字。

那株使君子

邱博扬

未经凝视的看见毫无意义。这个世界非常奇怪，如果你不凝视它，你将走不进这个世界。

走进校门，穿过长廊，来到操场的边上，会看到一株长得十分茂盛的使君子。再走近些，像摄影师一样凝视着它。

近旁的一棵树或许十分欣赏它的美，把满是绿叶的枝条伸了过来，有些花被藏起来了。这些花大多是红色或粉白色的，每一朵花都有五片花瓣，规则地排列着。树叶是淡绿色的，像巴掌，托着这些花。即使不凑近去闻，漫步花廊，也同样能感受到那淡雅的花香。微风时，这些花便随着枝条轻轻舞动。树叶也相互碰撞，发出悦耳的沙沙声。嫩绿的枝条从这株植物当中伸展出来，显得生机勃勃。

它像一位师长，当学生们在操场上肆意奔跑时，默默地在一旁注视着。不过，我又觉得它像是一个智者。看上去就是不为任何事情而烦恼的样子，走近它，你也会自然地，不知不觉地忘却了那些忧虑。

在离这棵使君子不远的地方，生长着一丛丛的青草和一棵棵的小树。它们在使君子的影响下，哪怕是夏天烈日之下都显得那样静谧。花廊左侧尽头的不远处还有一些仙人球，顶着一身刺呼应着使君子。偶尔还会有学生或老师走到它身后的长椅边坐下，安静地看书。

　　它从前一定是一棵不起眼儿的幼苗。后天在日月之华的哺育之下不断地生长，枝头生满了花苞、开花、枯萎、开花、枯萎……周而复始，才长成了今天的样子。未来，它一定会被更多的学生凝视，欣赏、继续开花、枯萎……

　　这株使君子的枝头有正值花期的红花、粉花，更有青绿色的小花苞和已然枯萎的花。含苞欲放、绽放再到枯萎，再生出新的花苞……世间万物亦是如此，遵循自己的使命，周而复始，生生不息……

　　来到这花廊下，我心中的烦恼和夏日的燥热逐渐挥发了，心中更加闲适，一切都变得那样轻松。

第二格：升格作文训练——巧用修辞提升表达效果

【教学目标】

　　1. 知识与能力：在多种素材中挑选重点，进行润色详写，把作文写鲜活、真实、生动。

　　2. 过程与方法：升格作文，感受细节。

　　3. 情感态度和价值观：培养学生写作的兴趣，感受写作的乐趣。

【教学重难点】

　　1. 让学生发现习作中的问题并进行修改，同时运用修辞，为习作增辉。

　　2. 在修改习作的过程中让学生感受语言变得生动，文章变得精彩，从而体会到写作的乐趣。

【教学方法】

小组合作交流法、比较归纳法等。

【教学过程】

（一）总结反观明不足

1.PPT呈现：作文出现的主要问题。

教师结合入格作文，从条理、选材、主旨等方面分析主要问题。如：

（1）缺乏条理：开头部分啰唆，形成了大段，要改为言简意赅的开头，一般写景或者叙事。整个文章应该有一定顺序，例如：从远到近；从叶到花；从整体到局部。

（2）重点不明：此次作文训练，描写是重点。应该在仔细观察的基础上进行写作。文章的重点要前置。

（3）素材凌乱：确定了花和叶为写作主体后，可以写周边景物，但要找到二者的联系，不能直接改为写其他素材。在众多素材中，要选取最合适的一两样，不能面面俱到。

2.学生记录：学生结合自己作文出现的问题进行记录和整改。

（二）妙用比喻增文采

1.展示佳作：出示作文中精彩的修辞句。如：

一朵朵娇花争奇斗艳，那微微略张的花瓣，犹如天上的繁星，闪烁在纤纤枝头上。由红至粉往外衍生，最外边还有一小圈盈盈的银白，给花儿增添了几分娇媚。

——岳如洋

星星点点散在绿叶中，像画家不小心在画布上泼洒上了红、粉、白三种

颜色，它们互相渲染着。画面中出现许多颜色的对比，增强了明亮感和华丽感，令人如痴如醉。

——黄琳姿

一朵朵花骨朵儿簇拥在一起，缠绕在枝上。有的花儿还没绽放，害羞似的将自己隐藏在苞叶里；有的花似是刚开放，从中间一点红往外衍生，从红到粉，再从粉到白。此时的花还有些拘谨，带着些青涩；有些花已经完全怒放了，仿佛像熟透的果实，那红，已经由红到紫，娇而不妖，甚是好看。

——李梓瑜

远望去，如新生婴儿般的使君子花蕾挂满枝头，说是新生的婴儿是没错的，因为它不但顽皮，还对周遭的一切都好奇。它总是探头左右张望，看了许久，也不愿意将头缩回去。使君子以花为眼，大胆地张望着整个世界。它肆无忌惮地让脚踩上更高的地方，好让花儿把云彩的软，鸟儿的多，天空的蓝全部通过一条条翠绿的电话线来告诉自己。

——谷立晨

2.交流总结：教师根据学生交流适当板书并总结。如：

（1）比喻：用在记叙、说明、描写中，能使事物生动、形象、具体，给人以鲜明的印象；化无形为有形，使抽象的事物更形象具体，运用比喻时要有相似点、要恰当、要有美感。

（2）拟人：能使读者对所表达事物产生鲜明的印象，产生强烈的感情，引起共鸣。要写出情态，让人感到活灵活现。

（3）排比：前后联结、文意相通、节奏鲜明，由三个或三个以上的、相同句式构成排比，可以增强语势、彰显文采。

（三）自我反观做提升

1.针对自己作文结构等方面出现的问题，对习作进行整改。

2. 在描写的主体部分增加修辞句。

那株使君子

邱博扬

未经凝视的看见毫无意义。这个世界非常奇怪，如果你不凝视它，你将走不进这个世界。

走进校门，穿过长廊，来到操场的边上，会看到一株使君子。远看仿佛一片彩色的，闪烁的繁星。再走近些，像摄影师一样凝视着它。

近旁的一棵树或许十分欣赏它的美，把满是绿叶的枝条伸了过来，有些花被藏起来了。这些花大多是红色或粉白色的，红的像火焰燃烧在枝头，粉白的则像淡淡的霞。每一朵花都有五片花瓣，规则地排列着，像五角星，还散发着淡淡的光芒，闪闪烁烁煞是好看。树叶是淡绿色的，像巴掌，一片片你挨我挤，没有一点缝隙，繁茂的绿叶托着这些花。即使不凑近去闻，漫步花廊，也同样能感受到那淡雅的花香。微风时，这些花便随着枝条轻轻舞动。树叶也相互碰撞，发出悦耳的沙沙声。繁茂中伸出几条绿色的藤蔓，像电话线仿佛想向小鸟探寻天空的讯息，又像热情的手臂仿佛急于拥抱整个校园。

它像一位师长，当学生们在操场上肆意奔跑时，默默地在一旁注视着。不过，我又觉得它像是一个智者。看上去就是不为任何事情而烦恼的样子，走近它，你也会自然地，不知不觉地忘却了那些忧虑。

在离这棵使君子不远的地方，生长着一丛丛的青草和一棵棵的小树。它们在使君子的影响下，哪怕是夏天烈日之下都显得那样静谧，只在有时被轻风摇动一下身体，仿佛老朋友似的悠闲聊天。花廊左侧的尽头的不远处还有一些仙人球，也不时地和使君子打个招呼。偶尔还会有学生或老师走到它身

后的长椅边坐下，安静地看书，使君子和小草就默默地陪伴着，用自己身体散发的绿，释放人们心中的燥热。

它从前一定是一棵不起眼儿的幼苗。后天在日月之华的哺育之下不断地生长，枝头生满了花苞、开花、枯萎、开花、枯萎……周而复始，才长成了今天的样子。未来，它一定会被更多的学生凝视，欣赏、继续开花、枯萎……

这株使君子的枝头有正值花期的红花、粉花，更有青绿色的小花苞和已然枯萎的花。含苞欲放、绽放再到枯萎，再生出新的花苞……世间万物亦是如此，遵循自己的使命，周而复始，生生不息……

来到这花廊下，我心中的烦恼和夏日的燥热逐渐挥发了，心中更加闲适了，一切都变得那样轻松。

凝视着它，我看见了生命的律动、看见了校园的呼吸，更看见了生活中无处不在的美！

第三格：创格作文训练——链接中考，提升变通能力

【链接题目】

作文题目一：

我国茅盾文学奖获得者陈忠实曾道出了他创作的"动力源"：看到比他小7岁的路遥接连发表《人生》《平凡的世界》等作品，一步一步达到个人文学事业的巅峰，他受到激励，下定决心要奋斗和超越，于是写出了长篇小

说《白鹿原》。同学们，成长路上，你也一定有你的"动力源"。

请以"我的动力源"为标题，写一篇文章。

作文题目二：

同学们，生活中有太多美好片段，例如：春日一景、美好童年、父母亲情、邻里温情、同学友谊等，见证这些美好，你也一定有属于自己的独特感悟。

请以"见证美好"为标题，写一篇文章。

【移花接木，创造精彩】

明确哪些素材可以照搬，哪些部分需要进行再创作，然后，再将此次作文素材变通运用到中考作文题目中。

见证美好

邱博扬

那天，我在校园与一株使君子不期而遇。

走进校门，穿过走廊，来到操场的边上，会看到一株使君子。远看仿佛一片彩色的、闪烁的繁星。我惊讶于它的美好，于是，再走近些……

近旁的一棵树似乎十分欣赏她的美，把满是绿叶的枝条伸了过来，使那些花闪闪烁烁、若隐若现。这些花大多是红色或粉白色，红的像火，粉白的则是由中间的一点红向外衍生，从红到粉，再从粉到白，甚是好看。每一朵花都有五片花瓣，规则地排列着，像五角星。即使不凑近去闻，漫步花廊，也同样能感受到那淡雅的花香。树叶是淡绿色的，像巴掌，托着一簇簇花。微风时，这些花便随着枝条轻轻舞动。树叶也相互碰撞，发出悦耳的沙沙声。它还伸出几条藤蔓，仿佛急于拥抱整个校园。

　　怎么也想不到，校园里这个原本不起眼儿的角落，因为一株植物熠熠生辉。

　　曾几何时，它只是一粒不为人知的小种子，被风抑或是飞鸟带到这个角落。它发芽、生根，不断往下扎，又不断往上钻，经历了多少黑暗和重压，冲破了多少束缚和羁绊，终爬上木廊，与站立在一旁的大树融为一体。

　　这株使君子的枝头，有正值花期的红花、粉花，更有青绿色的小花苞和已然枯萎的花，含苞欲放，开花，再到枯萎……周而复始才长成如今这般美好的模样。它的虔诚，从不被辜负，即使花期短暂，它也努力绽放美好。

　　眼下，它仍在攀伸，顺着墙壁、顺着大树的虬枝，用完全不会停息的姿态，为自己画出一幅奋斗不止的画卷。

　　我的心，被深深震撼！震撼于它一树繁茂的美，更震撼于它拔节生长、次第花开的执着。虽然，它寂寂无名，但，它让我见证了成长和生命美好！

　　上课的铃声响起，我往教室的方向走去，却忍不住回头再次望向它。微风骤起，满树繁花被吹动，无数藤蔓像伸出的手臂，又像张开的翅膀，似在向我招手，又似要腾空而飞。

　　使君子开在风中，那是绽放尘世风雨之中向上向阳的笑容；使君子开在心里，那是经历成长笑泪之后坚贞不改的初衷。

　　感谢那次偶遇，因为生命绽放的美好，已经在我心底镌刻成永恒！

主题四　画龙点睛显主题

——文章巧点题

蔡朝霞名师工作室成员，龙岗区可园学校　刘贵姣

第一格：入格作文训练——神龙见首又见尾

【教学目标】

1. 知识与能力：了解点题的定义，会按照形式分类。

2. 过程与方法：①小组合作；②小练笔。

3. 情感态度与价值观：认识到点题的重要作用，从而能够有意识地在自己的作文中运用点题的方法。

（一）导入

画龙需要点睛才能使龙高飞升天，文章巧妙点题才能彰显主题，这条神龙处处展现。今天我们一起来学习提升作文分数的法宝。（板书：《画龙点

睛显主题——神龙见首又见尾》的学习）

（二）教学过程

1. 点题的含义及分类

点题，就是在文章恰当的地方用简明扼要的语句点明题意，揭示文章的中心，暗示全文的脉络层次。从而增强文章的感染力，加深读者的印象。简单地说就是点主题、点标题。

点题的分类按形式可分为：①篇首点题；②篇中点题；③篇末点题。

2. 点题名篇示范：朱自清《背影》节选

开篇点题：我与父亲不相见已二年余了，我最不能忘记的是他的背影。

篇中点题：这时我看见他的背影，我的泪很快地流下来了。

……

等他的背影混入来来往往的人里，再找不着了，我便进来坐下，我的眼中不禁又簌簌地流下泪来。

篇末点题：我读到此处，在晶莹的泪光中，又看见那肥胖的、青布棉袍黑布马褂的背影。

3. 合作探究

小组合作找出我们七年级下册课文中点题之处，并说说点题的作用。

第一、二大组：找《说和做——记闻一多先生言行片段》。

第三、四大组：找《土地的誓言》。

4. 请为范文《开端》画出点题之处且做批注，并写出点题的作用。

开　端

在那成功的背后，必有一个苦涩的开端。

（简评：开门见山提出自己的感受，审题准确，入题简洁明快。）

我从小就梦想着成为一名芭蕾舞明星。穿上漂亮的公主裙，系上粉红色的芭蕾舞鞋，然后，站在我梦寐以求的舞台上，用脚尖轻轻地点着大地，慢慢地旋转，旋转……

终于这美好的机会眷顾了我，凭着我的潜质和热情，我被允许插班到芭蕾舞三级表演班。我的明星旅程由此开始。

（简评："由此开始"，紧扣题意。）

这是我第一天来到这个硕大的练习房。推开练功房门，一看：四周全是镜子，好美！半开着的玻璃窗，阳光从外面洒进来，金灿灿的，仿佛是我的梦想在灿烂地闪耀。我换好我心爱的舞鞋，进入了这个"梦想"的练功房。

"下腰！下腰！你怎么总比别人高出一截？"老师的又一声呵斥使我明白：一切都是从零开始，万事都会有开端，只不过我的开端很苦。

（简评：细节描写，紧扣题意。）

"往下压，坚持住！"为了让我压好腿，老师干脆坐在我的腿上，把我的腿使劲儿往下压，她又扳正了我的身体，使我面向前腿，我与撕裂般的疼痛抗衡着。我忍住泪不哭，因为我明白：万事皆有开端。不经历风雨，怎么能见彩虹？

（简评：细节描写，紧扣题意；心理描写，点明题旨。）

经过我不懈地努力，终于，在一个晴朗的上午，老师欣慰地告诉我："你可以立脚尖了。"我终于换上了那粉粉的脚尖鞋。顿时，心里一阵激动，但这激动很快又被失落替代，一条布满荆棘的路，铺在了我面前。

我镇定地握住了把杆，挺胸，收腹，提气；我慢慢地拱出脚背，立起脚尖，好痛！我明白这只是一个开始。

（简评："这只是一个开始"，再扣题意。）

一个小时过去了，我一直重复着这个枯燥的动作；两个小时过去了，我依旧在练。终于，我忍不住了，"疼！"我叫了出来。此时，我早已汗流浃背，感到全身毛孔都在胀大，额头上的汗珠更是不停地往外溢，脸上早已分不清哪是汗水，哪是泪水了，只觉得它们都在争先恐后地往外溢。我知道，我的脚长得很不符合跳芭蕾舞的要求，但我会付出比别人多一倍的努力。因为我坚信：开端的痛苦一定会换来成功的甜美！

（简评：抒发感情，再次点明题旨。）

经过我不懈地努力，终于我被"伯乐"发现，成为芭蕾独舞表演的最佳人选。

为了练好舞，我每天都会挤出时间。每次练完后，我可以把腿放到别人放不到的地方去，那种舒展的感觉是旁人难以感受到的。

舞台上，美丽的七彩灯光汇聚在我一个人身上，我快乐地舞着，我是一个用脚尖舞不停的小公主。最后一个漂亮的谢幕，博得了全场观众最热烈的掌声。我，成功了！

成功的背后，总是有一个苦涩的开端。只要拥有一种坚持、一种信念、永远都不放弃的精神，那苦涩的开始也蕴藏着一种甜美……

（简评：首尾照应，一唱三叹；篇末点题，画龙点睛。在文章收尾时照应开头，再次点题，不仅能起到深化主题的作用，还能给评卷老师以紧扣文题，一目了然之感。）

5.请为下面文章《我想对你说》添加点题之笔。

我想对你说

开篇点题：

那年，你离开了家，独自一人去他乡谋生，于是自那时起你的模样在我脑海里渐渐地模糊起来。

　　零碎的记忆里，我总是想起那天我们相拥而眠的情景，迷迷糊糊睁开眼，发现自己睡在你的怀抱里，金色的阳光把被子烘得很暖，你熟睡时睫毛覆在眼睛下方，十分安详。那时候，金色的阳光和熟睡着的你融进我的记忆里，再也不能忘记。

　　文中点题：爸，我想对你说，＿＿＿＿＿＿＿＿＿＿。

　　去年严冬，你急着过来看我，来的时候咱们约好时间，我却在家里睡着了。外面的风应该刮得很猛吧，那可是腊月的寒风啊，再看见你的时候你的手指间已经泛起苍白，橙黄的灯光下我看见你那个冰冷的影子，眼睛里有无奈，还有更多的包容。那时候，寒冷的北风和等待着的你融进我的记忆里，再也不能忘记。

　　文中点题：爸，＿＿＿＿＿＿＿＿，＿＿＿＿＿＿＿＿。

　　期末考后，你约我出去吃饭，那次我考得特别糟糕。隔着火锅上飘着的白气看着你的眼睛，心虚。那一天，咱们谈了很多，你说考成什么样不重要，关键是只要我能重新站起来，我跟你谈我的现实，你跟我说你对我的期望，给我鼓励。那天火锅吃得太热了吧，我埋下头擦汗，却擦在眼睛下边。那时候，火锅上的白气和期待着的你融进我的记忆里，再也不能忘记。

　　文中点题：爸，＿＿＿＿＿＿＿＿，＿＿＿＿＿＿＿＿。

　　篇末点题：我亲爱的爸爸，＿＿＿＿＿＿＿＿，＿＿＿＿＿＿＿＿。

　　附：点题参考

　　爸，我想对你说，因为有你，我懂得了什么叫温暖。

　　爸，我想对你说，因为有你，我懂得了什么叫心疼。

　　爸，我想对你说，因为有你，我懂得了什么叫振作。

　　我亲爱的爸爸，我想对你说，因为有你，我才感受到温暖，变得更加

自信成熟。谢谢你，亲爱的爸爸！

（三）总结：点题的作用

1. 开篇点题：开门见山，引出下文。

2. 文中点题：承上启下，为下文做铺垫。结构严谨，行文紧凑，思路清晰。

3. 结尾点题：画龙点睛（卒章显志），点明中心，深化主题。

（四）作业

请任选下面一个题目，写一篇600字以上的作文。（提示：在篇头、篇中、篇末等部分要点题）

1.《这就是幸福》。

2.《那缕阳光》。

第二格：升格作文训练——妙手点睛真龙出

【教学目标】

1. 知识与能力：掌握的点题方法按性质分类。

2. 过程与方法：通过朗读同学优秀作文点题及赏析名篇点题，学习点题升格方法。

3. 情感态度与价值观：认识到画龙点睛显主题，从而能够有意识地在自己的作文中运用点题的方法。

【教学过程】

（一）导入

上节课我们了解了什么是点题，并认识到在文章中处处恰当点题的重要作用。很多同学在昨晚的作文当中充分运用了点题，涌现出了大批佳作。下面我们来一起欣赏学习。

（二）欣赏学习

1.《这就是幸福》优秀点题展示。

（1）《这就是幸福》开篇点题展示。

幸福，就是和家人温馨和睦地相处。

——张嘉钰

幸福就如一缕清风，无处不在又沁人心脾。

——徐鹏

（2）《这就是幸福》篇中点题展示。

虽然这个过程十分艰苦，但我为自己的努力和奋斗感到幸福！

——陈柳静

幸福，就是妈妈雨中给我送来的伞，那支伞，不仅是遮雨的，还撑起了爱的天空。

——吴俊轩

最好的朋友在你遇到困难时挺身而出，我想，这就是幸福。

——柏宇婷

（3）《这就是幸福》篇末点题展示。

尽管幸福没有钻石般灿烂，没有花儿般美丽，没有星星般闪烁，但幸福是纯洁的，是美好的，是充满爱与温馨的。因为对于我来说，与家人在一起的时光就是幸福！

——王亦姝

看似不经意的一句话，却蕴含了多少的关心，足以让我的心中泛起一层涟漪。这就是幸福！

——余淑欣

2.《那缕阳光》优秀点题展示。

（1）《那缕阳光》开篇点题展示。

每当白昼的繁荣和喧闹渐渐销声匿迹，夜幕迈着轻盈的步伐姗姗而来，我常常陷入无边的回忆，念起那一缕留在我心中的阳光。

——张栩荧

清晨，常有一缕阳光照进窗前的花盆里，美好的一天就从那缕阳光开始。

——任永佳

我似乎站在无尽的黑暗中，浑身没有安全感，直到她的关怀化为阳光照进我的生命里，我感觉全世界的温暖都朝我蔓延。

——莫雨昕

徐徐的清风，伴随着一缕缕阳光。清风，渗入心扉，阳光，净化心灵。

——吴娇

抬起手，捕捉指缝那若有若无的存在。上下翻飞，金色的阳光在我的手上，在我的周围轻舞飞扬。

——李恩桐

清晨，第一缕阳光从卧室的玻璃透了进来，这缕阳光显得格外温馨。

——贺超明

（2）《那缕阳光》篇中点题展示。

她那双明亮的大眼睛仿佛把我的一切都看透了。她对我微微一笑，似阳光般将我的世界照亮！这几天积累的"乌云"就因为小玉的话，全部消散了，我的阳光又回来了。

——张栩荧

金灿灿的午后阳光如同一捧金屑，散落在走廊里，散落在我的心头，也让我陶醉在这无比的自豪和成就感中。

——钟芷晴

（3）《那缕阳光》篇末点题展示。

阳光，可能是一个微笑，一个动作，一行字，一句话，但无论是夏天还是冬天，都能温暖你的内心。

——钟焱

那缕阳光，哈，我见过你！

——李邦卓

布满阳光的道路上，也布满了美。

——吴娇

你若安好，便是晴天！

——陈嘉怡

宽容和温暖是一把钥匙，能击碎我们封闭的心房的那一重重锁，让阳光伴随着欢笑声透入我们的心中。这份温暖，将悲伤化为了奋斗的力量，伴随我的一生。

——钟芷晴

她如同一缕热情的阳光，给人温暖，给人光明！

——石炜皓

（三）小组讨论自己作文点题不足之处

1.简单重复题目。

2.缺乏真情实感。

3.议论不够深刻。

4.描写不够生动。

（四）点题分类及名篇点题展示

1.点题按性质可分为：

（1）明点：紧扣标题，直接说明、解释标题的含义。

（2）暗点：在词句上与标题没有直接联系，只是在意义上比较含蓄地点出题意。

2.名篇点题展示：

可是在北中国的冬天，而能有温晴的天气，济南真的算个宝地。

这就是冬天的济南。（老舍《济南的冬天》）

我心中深深地受了感动——

母亲啊！你是荷叶，我是红莲，心中的雨点来了，除了你，谁是我在无遮拦天空下的荫蔽？（冰心《荷叶·母亲》）

（五）点题升格方法：抒情、描写、议论

1.通过抒情点题的名篇：

我喜欢雨，无论什么季节的雨，我都喜欢。她给我的形象和记忆，永远是美的。

啊，雨，我爱恋的雨啊，你一年四季常在我的眼前流动，你给我的生命带来活力，你给我的感情带来滋润，你给我的思想带来流动。

啊，总是美丽而使人爱恋的雨啊！（刘湛秋《雨的四季》）

盼望着，盼望着，东风来了，春天的脚步近了。（朱自清《春》）

2.通过描写点题的名篇

又是秋天，妹妹推我去北海看了菊花。黄色的花淡雅、白色的花高洁、紫红色的花热烈而深沉，泼泼洒洒，秋风中正开得烂漫。我懂得母亲没有说完的话。妹妹也懂。我俩在一块儿，要好好儿活……（史铁生《秋天的怀念》）

3.通过议论点题：

但我和妻子都是慢慢地，稳稳地，走得很仔细，好像我背上的同她背上的加起来，就是整个世界。（莫怀戚《散步》）

忽然想起有一次国文先生鼓励我们用功的话："记住，你是吃饭长大，也是读书长大的！"

但是今天我发现这句话不够用，它应当这样说："记住，你是吃饭长大，读书长大，也是在爱里长大的！"（林海音《窃读记》）

（六）妙笔生花

现在请拿起你的笔，修改自己的作文。让自己的文章点题之处更加生动深刻！

（七）总结

妙手点睛真龙出，希望同学们以后在作文中能够巧妙恰当地运用点题，使自己的文章主题更加深刻动人，让我们的文章熠熠生辉！

第三格：创格作文训练——中考实战超链接

【作文题目】

2019年无锡中考作文：

请以"你是我生活的阳光"为题，写一篇文章。

要求：

1. 题目中的"你"，可以是生活中某个人，可以是一本书或书中某个

人物。

2.请根据自己的生活经历或阅读体验来写作。

3.文体自选，诗歌除外。

4.文中不得出现真实的人名、校名。

你是我生活的阳光

吴 娇

徐徐的轻风，伴随着一缕缕阳光。清风，渗入心扉；阳光，净化心灵。

天空中下起细雨，万物吸收着来自大自然的馈赠。树叶也附和着这幅美景。我站在窗边，欣赏大自然带来的美。

雨后的空气略微湿润，但却没有使人不舒适，走出家门，雨后的清新感向我袭来，阳光透过树叶照在人们的脸上。

街上，来来往往的儿童嬉耍着，忽然，我停下了脚步，眼睛定格在马路边上的一位妇女。她弯着腰，拾地上的空瓶子，衣着并没有多富丽，拿着破旧的麻布袋。尔后，她直起腰，抚了抚有些僵硬的背，便继续拾空瓶子，她的脸上有着岁月留下的无情痕迹，饱经沧桑。

她擦了擦头上的汗，这样的天气并不算热，可见妇人是多么辛苦。她仿佛发现自己被注视着，抬头看了看我，对着我微微一笑，我有些呆住了。这个笑容在阳光下是如此迷人，如此美丽。她这勤劳的身影在人群中显得尤为突出。车辆从她身旁驶过，溅起地上的泥，无情地打在路人身上。有人嘴里咒骂着，有人皱着眉离开，仿佛在抱怨自己的不幸。而那位妇人却看都没看一眼，依旧做着自己的事。

许久，兴许是累了，她直起背来活动活动，僵直的背使她看起来如此凄苦，她的手轻抚在口袋上，笑了，笑得如此纯净，如此阳光。彩虹也在雨后划破长空，衬着那位妇人，无比明亮、无瑕，就似一块白玉。

　　我拾起脚旁的空瓶，走上前去，伸手递给她。她停顿了一会儿，仿佛对我的举动感到不可思议。她笑着接过瓶子，世间万物都被这"阳光"净化了心灵……

　　她的手再次抚上了口袋，也许口袋里是儿子满分的成绩单，也许是父母以及丈夫寄来的思念……

　　勤劳的妇人，你的笑容是我生活的阳光，净化了我的心灵。

　　布满阳光的道路上也布满了美。

【点评】

　　小作者有着一颗美丽善良的心灵和一双善于发现美的眼睛。这里有雨后阳光出现的自然之美，有灿烂阳光下的笑容之美，有关心体谅的助人之美，有勤劳朴实的劳动之美，更有着陌生人之间的人情之美。语言精练而优美，文章简洁有深度。将大自然的阳光与心灵的阳光相互照应生辉。

——刘贵姣

八年级

主题板块

主题五　诗情画意品文情

——借景抒情法

蔡朝霞名师工作室成员，龙岗区可园学校　刘戬佞

第一格：入格作文训练——知景知情求相似

【教学目标】

1. 知识与能力：理解什么是"借景生情""融情于景"，学会借景抒情的写法，作文能做到"情景交融"。

2. 过程与方法：创设情境，感受借景抒情写法，鼓励学生交流、评析借景抒情写法。培养学生共同研讨合作的能力。

3. 情感态度与价值观：让学生养成观察景物的习惯，热爱自然、热爱生活。

【教学重难点】

1. 理解什么是"借景生情""融情于景"，学会借景抒情的写法，作文能做到"情景交融"。

2. 创设情境，感受借景抒情写法，鼓励学生交流、评析借景抒情写法。培养学生共同研讨合作的能力。

【教学方法】

小组合作交流法、比较归纳法、练习法、范例法。

【教学过程】

（一）歌曲导入晓含义

1. 轻声哼唱歌曲《外婆的澎湖湾》，引入课题。

播放《外婆的澎湖湾》歌曲，大屏幕显示歌词。

（1）教师导入：听完这首歌，感觉自己回到了美好的童年时光。我们看看这首歌的歌词，有很多的景物描写值得我们去揣摩。

（2）学生交流：歌词里描写了哪些景物，抒发了什么样的情感？

（3）教师明确：灿烂的阳光，柔软的沙滩，翻卷的海浪，青翠的椰林，多么美好的回忆，多么美好的童年。这首歌之所以经久不衰，还因为它是景和情完美结合的典范。今天我们就来学习这种借景物抒发情感的写法。

2. 知景知情晓含义，什么是借景抒情？

PPT展示：借景抒情就是作者把自己内心要表达的某种情感蕴含在对景物的描写之中，借景物来抒发感情的一种方式。

（二）明景析情求相似

1.明确景情的相似性：

（1）PPT展示：例如，写久别重逢可以选择下列哪些景物做描写呢？（阳光、枯枝、鲜花、石头、美食、乌鸦、笑脸）

（2）学生交流：久别重逢会选择阳光、鲜花、美食、笑脸。因为这能代表久别重逢的愉悦心情。

（3）教师明确：没错，我们在选择的景物来表达心情时，要注意景和情的相似性。

所选取的景物应能准确地表达此时你的心情。

2.学生范文赏析，理解情景交融。

（1）教师导入：为什么我们平时似乎写不出诗情画意的文字呢？因为，生活中除了人和事，还有身边的景，有风花雪月、啾啾鸟鸣、潺潺流水、袅袅炊烟。我们要把这些景物都融于情中，在笔下流淌。我们接下来一起来研习廖妍同学的作文。下面这两段借什么景抒发什么情？

（2）PPT展示：

昏天。暗地。浊月。细雨。

我独自一人驮着沉重的大书包踩着疲惫走在回家的路上。立冬后一入夜气温便降得快，昼夜温差大，凉飕飕阴冷冷的风刮着我两条从空袖管里支出来的裸露在外的胳膊。我搓红两只发白的手不住地往嘴里哈气，实在冷得不行，就把冰透的双手搁在脖颈间取暖。夜厚得浓重，如银针般细细的雨丝斜斜地刮下来，冰凉凉化成水珠滚落在脸颊上。（《让我说声谢谢你》——廖妍）

（3）学生发言：畅谈所想。（方法：自主探究，互助完善。）

（4）教师引导：如果我们把太阳发出的光芒比作人的情感，那么在情感的浸润下，向日葵开心地笑了。以情为中心，向日葵看到太阳具有了人的情感。

　　借景抒情要达到的目的就是情景交融，体现景和情的相似性。刚才我们看了廖妍的作文，作文中到底借什么景来抒发什么情，怎样体现情景的相似性的呢？请小组合作完成探讨。

　　（5）学生发言：畅谈所悟。（方法：合作探究，互相补充。）

　　（6）教师明确：廖妍同学的景物描写传神逼真，情景交融，很好地传达了老师对她的关心，她对老师的爱。很好地体现了景和情的相似性。可见景物描写有烘托人物的心情、渲染气氛、为下文作铺垫、推动情节发展、深化作品主题等作用。我们在写作的时候就要注意景和情的相似性。

　　（三）布置作业

　　流年似水，记忆中有许许多多值得去回忆、去怀念的人和事，请以"怀念"为话题，用借景抒情的写法写一篇作文，表达内心真实的情感，注意景和情的相似性。

　　要求：

　　1.体裁为记叙文，作文内容中务必安排至少两处景物描写。

　　2.题目自拟，字数不少于600字。

　　（四）板书设计

借景抒情——知景知情求相似

一切景语皆情语

情与景和谐统一

让我说声谢谢您

廖　妍

　　两年岁月，一袭纱裙，终究迟了句"谢谢您"。

　　你站在那儿，犹如一株鸢尾花，温婉如水，矜持尔雅，颦蹙间散发着难

以掩盖的书香气，微风轻轻起，刘老师，谢谢您。

这句姗姗来迟的道谢早在那个雨夜就该向您道说，但我却选择了喑哑的沉默。

我独自一人驮着沉重的大书包踩着疲惫走在回家的路上，立冬后一入夜气温便降得快，昼夜温差大，我搓红两只发白的手不住地往嘴里哈气，实在冷得不行，就把冰透的双手搁在脖颈间取暖。夜厚得浓重，如银针般细细的雨丝斜斜地刮下来，冰凉凉化成水珠滚落在脸颊上。

一声短促清晰的车笛倏然闯进了这黑暗，白晃晃扎眼的车灯打在我脸上，眸子里的瞳孔缩了缩，一辆黑色轿车缓缓驶过我身边停下，我不知所措。结着一层水珠满是白雾的车窗慢慢摇下，露出您那棱角分明的瘦弱的脸，我眸底一闪而过的是满满的惊喜。

您让我上车，我欢腾地坐了进去，车内的暖气瞬间包裹住冰凉的我，还围绕着一股淡淡的熏香。您关切地问我怎么还没回家，我兴奋地解释，您憋着笑回复我说，幸好我被您捡到了，不然我就得成可怜的落汤鸡了。

您又想到了什么似的，在车底下的收纳柜里翻找着什么，是个保温瓶，您把保温瓶递给我，说让我装点热水喝，暖暖身子，还嘱咐我回家要赶紧去洗个温水澡，要喝姜汤……我接连点头，擤擤红肿的鼻子，幸好车里的灯光很暗，我在后座上偷抹着感动的泪没被发现。我捧着那个保温瓶，想要说谢谢您，可好像被什么堵住了喉咙似的，又好像一张嘴、眼泪就会开闸而出。那句谢谢最终变成了沉默的哽咽。

我又想起了那个雨夜，还有那个您。于是，这句哽咽最终变成了从我笔尖倾泻的涓涓文字。"谢谢您，刘老师！"

掌 声

冯钰芳

那掌声穿透了时光和岁月，永远地留在了我的记忆里。

——题记

对于她，我还是很清晰地记得：微卷的发梢正好及肩，恰到好处地修饰着她白皙而圆润的脸，五官并不很突出动人，但气质却是娴雅的，透着一股书卷气。极修长极优雅的脖颈完美地托住了那脸庞。再往下，便总是那淡色的衣衫。

她是我小学的语文老师，却总给人一种知识女性的感觉。确实如此，她的一颦一笑都是那么温婉大方，那么让人看不腻，忘不却。试问，若是有这么个老师亭立在教室中，又有谁会舍得让她怒然呢？

还记得，我们是挺早就有文言文的启蒙课了。起初，那一整篇一整篇晦涩难懂的文章总是令人厌烦。压抑的气氛好似古代只知咬文嚼字的书塾，若是课室前头再多添一位一把胡须、古板周正的国文先生，那可就不免让人昏昏欲睡而又兴致缺缺了。

幸而，为我们授课的是她。她总是用她动听的嗓音给我们讲述一个个深有寓意的故事。她讲的故事生动有趣且通俗易懂，每讲完一个故事，教室里便回馈予她一大片掌声。也许就在那时，我面对那掌声有些艳羡。

有一次，她给我们授的是鲁迅先生也曾背过的《鉴略》和一些别的文章，原文我都记不清了，但她讲故事时的景象却仿佛还是昨日。还记得她说让我们上前来通读全文，课室里竟无一人回应她。我对掌声的渴慕使得我生出上台的念头来，但毕竟这文章实在不好读，我也有些怯惧了。踌躇了一会儿，我还是决定举起了手。

　　她似乎很欣喜的样子，加倍甜美地笑着，或许是因为终于有人回应她了，亦或是因于我难得的尝试。于是我走上前去，像做梦似的读完了。我也不大记得我读的究竟如何，只是自己感觉并不大好。可她却率先鼓起掌来，并微笑着对我说："你很有勇气，读的也好，以后你的文言文肯定会学得不错。"

　　现在想来，她那时应当只是为了鼓励我，然而这掌声却久久萦绕在我心头，未曾忘却。

　　到如今，我们已有两三年未曾见过了，我对她甚是思念，也很是感激她对我在文言文上的启蒙，更想亲口告诉她：

　　她的掌声会一直穿透时光和岁月，永远在我的记忆里回响。

第二格：升格作文训练——妙用景情我能行

【教学目标】

　　1. 知识与能力：学会在写作中运用借景抒情的写法，把作文写鲜活、真实、生动。

　　2. 过程与方法：升格作文，感受情景交融。

　　3. 情感态度和价值观：让学生养成观察景物的习惯，热爱自然、热爱生活。

【教学过程】

（一）锦囊妙招绽文情

1.提出问题：借景抒情有哪些描写方法？

2.学生发言：畅谈所悟。（方法：合作探究，互相补充。）

3.PPT逐次展示：

（1）善用修辞手法（比喻、拟人、通感等）。

月夜，清冷的月光铺满一地，淡淡的光辉似乎带有一种清冷的香味。（通感）

天空像随手打翻了蓝色的墨水。

——李雅怡（比喻）

梧桐树上，鸟儿伸展着歌喉，昆虫此起彼伏地鸣叫着。

——王丹阳（拟人）

（2）自然而朴素的白描。

清月在云中穿行，安宁地照着这里的热闹与宁静。

——《美好的回忆》朱宝怡

雨已经停了，落叶也被清理干净了，太阳升起来了，挂在天空中。

——《美好的回忆》周全

（3）善于调动多种感官（听觉、视觉、味觉、触觉、嗅觉等）。

清晨，推开窗户，从山间中传来的香气扑面而来。这是春风送来的花草清香，这是春风带来的泥土清香。

——刘圣杰

（二）妙用景情我能行

1.播放视频：帮助选景。

2.课堂练笔：选什么景来抒发什么情？两个场景，自选一个完成练笔。

片段一：今天，数学测试，意想不到的是你拿了98分，前所未有的好分数，还受到了老师的表扬，你开心地拿着试卷走出校门。一路上……

片段二：在操场上，你和你的好朋友因为误会吵架了，她生气地离开，说了一句"再也不理你了"，留下孤独的你，你看着……

3. 交流展示：交流探讨，分享习作。

（三）交流总结

通过本节课的学习，你有什么收获？

教师总结：同学们，希望你们做个"有情人"，用情观景，观出山水的悲喜；用情待人，善待他人的真诚；用情写文，写出心中的所感。让我们一起努力吧！

（四）修改作文

让我说声谢谢您

廖 妍

两年岁月，一袭纱裙，终究迟了句"谢谢您"。

你站在那儿，犹如一株鸢尾花，温婉如水，矜持尔雅，颦蹙间散发着难以掩盖的书香气，微风轻轻起，刘老师，谢谢您。

这句姗姗来迟的道谢早在那个雨夜就该向您道说，但我却选择了喑哑的沉默。

昏天。暗地。浊月。细雨。

我独自一人驮着沉重的大书包踩着疲惫走在回家的路上，立冬后一入夜气温便降得快，昼夜温差大，凉飕飕阴冷冷的风刮着我两条从空袖管里支出来的裸露在外的胳膊。我搓红两只发白的手不住地往嘴里哈气，实在冷得不行，就把冰透的双手搁在脖颈间取暖。夜厚得浓重，如银针般细细的雨丝斜斜地刮下来，冰凉凉化成水珠滚落在脸颊上。我努力地加快脚步往前走，道旁的坏了许久的路灯奇迹般射出几丝暖橘色的微光，与月光依稀的影子一同

60

勾勒着黑乎乎的小道，道旁草丛里虫子怪异的吱吱声叫了一路，不知尽头的恐惧与黑暗笼罩着我。

一声短促清晰的车笛倏然闯进了这黑暗，白晃晃扎眼的车灯打在我脸上，眸子里的瞳孔缩了缩，一辆黑色轿车缓缓驶过我身边停下，我不知所措。结着一层水珠满是白雾的车窗慢慢摇下，露出您那棱骨分明的瘦弱的脸，我眸底一闪而过的是满满的惊喜。

您让我上车，我欢腾地坐了进去，车内的暖气瞬间包裹住冰凉的我，还围绕着一股淡淡的熏香。您关切地问我怎么还没回家，我兴奋地解释，您憋着笑回复我说，幸好我被您捡到了，不然我就得成可怜的落汤鸡了。

您又想到了什么似的，在车底下的收纳柜里翻找着什么，是个保温瓶，您把保温瓶递给我，说让我装点热水喝，暖暖身子，还嘱咐我回家要赶紧去洗个温水澡，要喝姜汤……我接连点头，擤擤红肿的鼻子，幸好车里的灯光很暗，我在后座上偷抹着感动的泪没被发现。我捧着那个保温瓶，想要说谢谢您，可好像被什么堵住了喉咙似的，又好像一张嘴，眼泪就会开闸而出。那句谢谢最终变成了沉默的哽咽。

又是一个雨天，路旁的小草被雨水洗得青翠欲滴，小雨稀稀疏疏，我又想起了那个雨夜，还有那个您。于是，这句哽咽最终变成了从我笔尖倾泻的涓涓文字。"谢谢您，刘老师！"

掌　声

冯钰芳

那掌声穿透了时光和岁月，永远地留在了我的记忆里。

——题记

对于她，我还是很清晰地记得：微卷的发梢正好及肩，恰到好处地修饰着她白皙而圆润的脸，五官并不很突出动人，但气质却是娴雅的，透着一股

书卷气。极修长极优雅的脖颈完美地托住了那脸庞。再往下，便总是那淡色的衣衫。等到有风的时候，樱色的衣也会随风摆动，一眼看过去，她就如一枝木兰般温润，而让人难忘。

她是我小学的语文老师，却总给人一种知识女性的感觉。确实如此，她的一颦一笑都是那么温婉大方，那么让人看不腻，忘不却。试问，若是有这么个老师亭立在教室中，又有谁会舍得让她怒然呢？

还记得，我们是挺早就有文言文的启蒙课了。起初，那一整篇一整篇晦涩难懂的文章总是令人厌烦。何况，在夏日，课室里总是无风的、闷热的，弥漫着汗酸味。刺眼的阳光溢满了窗台，连窗边的一小盆兰草也纹丝不动，且有点蔫蔫的，似乎连它也抵挡不住热浪。教室顶上的大风扇呼啦呼啦地、无力地漫转着，从那儿吹出的风并无几分凉意，反而更使人烦躁起来。压抑的气氛好似古代只知咬文嚼字的书塾，若是课室前头再多添一位一把胡须、古板周正的国文先生，那可就不免让人昏昏欲睡而又兴致缺缺了。

幸而，为我们授课的是她。她总是用她动听的嗓音给我们讲述一个个深有寓意的故事。她讲的故事生动有趣且通俗易懂，每讲完一个故事，教室里便回馈予她一大片掌声。也许就在那时，我面对那掌声有些艳羡。

有次，她给我们授的是鲁迅先生也曾背过的《鉴略》和一些别的文章，原文我都记不清了，但她讲故事时的景象却仿佛还是昨日。还记得她说让我们上前来通读全文，课室里竟无一人回应她。我对掌声的渴慕使得我生出上台的念头来，但毕竟这文章实在不好读，我也有些怯惧了。踌躇了一会儿，我还是决定举起了手。

她似乎很欣喜的样子，加倍甜美地笑着，或许是因为终于有人回应她了，亦或许是因于我难得的尝试。于是我走上前去，像做梦似的读完了。我也不大记得我读的究竟如何，只是自己感觉并不大好。可她却率先鼓起掌来，并微笑着对我说："你很有勇气，读的也好，以后你的文言文肯定会学得不错。"

现在想来，她那时应当只是为了鼓励我，然而这掌声却久久萦绕在我心头，未曾忘却。

在这与她曾分别的寥秋中，微风轻轻起，吹起我的衣角。此刻，我又想起了她，想起她樱色的衣也会随风摆动。到如今，我们已有两三年未曾见过了，我对她甚是思念，也很是感激她对我在文言文上的启蒙，更想亲口告诉她：

她的掌声会一直穿透时光和岁月，永远在我的记忆里回响。

第三格：创格作文训练——中考实战超链接

【链接题目】

作文题目一：

2018年湖南怀化中考真题：生活中总有很多遇见，世间万物都是遇见。与自然遇见，也许就是一次诗意的旅程；与书籍遇见，也许就是一次心智的陶冶；与他人遇见，也许就是一次心灵的碰撞。当温暖遇见了寒冷，便有了雨；当春天遇见冬天，便有了岁月；当梅花遇见了寒冬，便有了生命的绽放……总有一次遇见，会让我们难以忘怀。请以"遇见"为标题，写一篇文章。

作文题目二：

深圳中考真题：一年又一年，春草绿了；一年又一年，春花红了。一年

又一年的南风吹拂，牙牙学语的孩童变成了青春勃发的少男少女。亲爱的同学，在你们成长的过程中，有亲情友情的滋润，有成功快乐的伴随，也有烦恼挫折的困扰……请用你手中的笔，记下生活中的点点滴滴，让它成为你记忆中永不褪色的珍藏。

（1）请以"想起了_____"为题，在横线上填写合适的词语，将题目补充完整，然后作文。文章不少于500字，不超过900字。文体不限，如写诗歌不少于20行。

（2）文中不得出现真实的人名、校名和地名，否则扣分。如果不可避免，请用××代替。

【移花接木，创造精彩】

对前文《掌声》的开头进行改写，补写题目《想起了那最动听的掌声》，用借景抒情的写法改写开头如下：

站在这与她曾分别的寥秋中，微风轻轻起，吹起我的衣角，拂过我的脸颊。阳光正好，几片金黄的叶子在柔和阳光的照耀下被风吹起，又缓缓落下。

此刻，我又想起了她，想起她樱色的衣也会随风摆动。想起她好似一枝木兰般温润，笑意盈盈站在我面前。想起她给我的最动听的掌声，久久不能忘怀。

遇见

陈丹蕾

夜空像一袭黑色的纱，繁星将它点缀得炫彩夺目。我的眼睑也终是合上了，但梦中云雾萦绕，我好似回到了千百年前，邂逅了那些美丽的遇见。

　　我睁开蒙眬的双眼，眼前有一婀娜的女子，她的明眸朱唇、一颦一笑都牵动着我。她手中捧了一壶浊酒，醇香的酒气与她身后的繁花相互映衬着，草木间都充满了诗意。她温柔地摘下了一朵荼蘼的花别在耳鬓间，微风浮动，她的发丝同一袭红妆尽染出一幅水墨画。女子展开了一幅字画：昨夜雨疏风骤，浓睡不消残酒……她徐徐地向远处的清流踱去，同浓雾一起消散了，唯留下字画上的落款——李清照。

　　我遇见了，遇见了一位女子的婉约与轻柔。

　　眼前的景象不断变化着，再睁眼便已处于黛青竹林间。竹叶遮遮掩掩，洒落的阳光虚虚实实，根根竹竿亭亭净植，一片生机。空中飘落的淅沥的雨点闪烁着光芒。远远的林间走出一位白衣男子，脱去了蓑衣斗笠独自在雨中行走任由雨水在白衣上开出一摊繁华盛锦来。他的嘴中不住地吟诵着："竹杖芒鞋轻胜马，谁怕？一蓑烟雨任平生……"他消失于深林间，只留荡气回肠的声响盘旋山中。我艳慕着苏轼，未曾想他有这般不羁的模样。

　　我遇见了，遇见了苏轼的豪情洒脱。

　　倏忽，眼前一片银装素裹，真有千树万树梨花开的繁华壮丽。远方白皑皑的山上盘虬着一条山路，山上有一位军戎装束的将军按辔前行，风中他血红的披风凛冽着，逐渐消失在路上。一声哀叹从山脚传来"山回路转不见君，雪上空留马行处……"岑参独自摸着眼角闪闪的泪光向营地中缓缓走去。原来英姿飒爽的将军也会有如此孤寂的心情。他那鲜红的披风好似一地落红染就的那般无力。我的心中钻进了一份落寞，为这对友人暗自伤神。

　　我遇见了，遇见了一份真挚感人的友谊。

　　眼睑被远方青黛山上洒下的微光唤醒了。我从梦中醒来，回味着我遇见的温柔、遇见的洒脱、遇见的友谊，也想此刻起身，去遇见属于我自己的美好了。

想起了那一滴泪

冯钰芳

那一滴泪划过，落在杏花柔软的花瓣上，打湿了心中的柔软，惊醒了我的江南梦。

——题记

槐序时分，是杏花的季节。每每踱出家门，便有清丽的杏香缭入鼻腔。只是，这里的杏如何能与江南的相比？

孩提时我曾寄住在姨婆家中，那是江南一个古朴的小镇，一个空气中四处氤氲着杏香的小镇。行至河边也好，翻过桥头也罢，甚至连各家各户的院前也可轻易嗅到杏花的清香。姨婆家自然也不例外，她院前栽有数株白杏树，那树随人，竟也生得纤瘦柔美。等到起风的时候，一片片花瓣被吹得向外翻露着，羞怯地吐出娇嫩的花蕊，远望去，恰如一位身着素白旗袍的豆蔻少女倩笑着，向游人招着她的纤手。

我和姨婆都喜爱这杏树，于是我们常摆些圆凳到树下，并坐消磨仲夏时光。忆起姨婆常手执一册《红楼梦》，温声向我娓娓道出书中如梦似幻的情节。姨婆念至黛玉葬花这一回时，总似是触动了什么愁思，眼泪竟也扑簌而落。清泪浸湿了泛黄的书卷，也浸湿了落在书页上的杏花，一片朦胧。只是那时的我并不晓畅姨婆的怅然，只得笨拙地摘下杏树枝头最俏的那枝杏，再小心翼翼地斜插入姨婆的发鬓间。杏花淡雅的白与姨婆夹杂银丝的鬓角相映衬，顿觉心中一片柔软。我看得有些呆了，姨婆却拈起锦帕轻轻拭去眼角的斑驳泪痕，莞尔笑道："痴女，侬不懂，侬不懂哎。"

又过了些时日，杏花便快凋了，姨婆就拾起落下的杏花，洗净，制成了杏花糕。糕面均匀地铺撒着一层糯米粉，再浇上蜂蜜，内里暗含杏花的清香和花生、芝麻粒的酥脆，轻咬一口便觉宛若是嚼着一片柔软的杏瓣。这糕最合孩子的口味，我喜欢得紧，总想多吃些，囫囵个儿地往嘴里塞，往腹里咽。姨婆心中欢喜着却又担忧我会呛着，一面轻拍我的背，一面佯怒着呵斥道："慢些，慢些，没人同你抢。"

姨婆的杏树枝头渐渐空了，曾经满树的白恍若昨日的一场梦，梦醒了，故事里的人物便该散场了。

别离时，姨婆又落下泪来，她哽咽着说："这杏花糕，你走后可就吃不着了……"我天真地安慰起姨婆，弯眼笑着说："姨婆，我会回来的。"可曾想物是人非，我终究未再归来。

姨婆悄悄地，悄悄地走了，没扰乱任何一阵风，也没惊动任何一片云，弥留之际只留了一枝杏在身旁，花瓣上是干了的泪渍。

我伫立窗旁，眺望着南方，念想着：江南的杏是不是又该落了……

想着，那一滴泪划过脸颊，落在手心里捧着的杏花上，心中一片柔软。

主题六 一花一月凸主旨

——借花喻人法

深圳市龙岗区名师工作室主持人　蔡朝霞

第一格：入格作文训练——借花喻人有神韵

【教学目标】

1.学习《驿路梨花》以梨花为线索贯穿全文。

2.掌握借花喻人的写作手法。

3.明确此类作文中记叙、描写、抒情的比例。

【教学设计】

（一）衔接课文

在《驿路梨花》这篇课文中，梨花多次出现，不仅创设了美好的氛围，而且以花喻人，赞美了雷锋精神到处传扬的好风貌。三次写梨花作用是什么？

第一次，实写。飘落的梨花。作用：烘托主人的美好心灵，营造优美意境。

第二次，虚写。借花喻人，以自然美烘托人物美，人花相映成辉。

第三次，实写，引用陆游诗，结构上照应题目。内容上升华主题，梨花比喻哈尼小姑娘的美好心灵和助人为乐的雷锋精神。

（二）借花喻人法

学会选取某种事物，描绘它们的形态特征，并从中发现一定的象征意义，借此抒发自己的思想感情。

利用事物间的相通、相近、相似或相反的关联，丰富突出事物的形象性。

物象——人情

红叶：历风霜而愈红

菊花：清净、高洁、不畏寒霜

兰花：淡泊、高雅、身居幽谷

木棉花：蓬勃向上和生机勃勃

勒杜鹃花：生命力旺盛、永不言败

（三）范文引路

飘香的记忆

茉莉花开满香园，独不见那花中人——我可爱可敬的阿婆。

阿婆只是我的邻居，来自江南，极爱茉莉花。

阿婆也是我的亲人，父母忙，常把我托给阿婆。记忆中的童年，便溢满茉莉花香了。那天幼儿园放学迟了些。我和小朋友们边走边玩，不觉已经

天黑了，临进家门，眼前一个身影立在巷子口。那人身材小小的，倚在路灯下，昏黄的灯光把人影拖得老长老长，孤独地延展着。"阿婆。"我叫道。那人赶紧立起身，欢喜地向我招手。那真是阿婆！我奔过去，她开心地一把拉住我的手，看这看那，连说："闺女，终于回家了。"乐得我有些措手不及。从那以后我再也不敢晚回家，一放学就往家赶，路灯下阿婆那长长的影子，身上那淡淡的茉莉花香，在我心头挥之不去，想来，便心头一颤，无比温暖。

阿婆喜欢把废弃的瓶瓶罐罐收集起来，起初我以为阿婆要用它们卖钱。其实细想，阿公生前是位将军，阿婆何愁衣食，直到阿婆的葬礼，看到经常到我们那儿收杂志的老人也偷偷跟在后面，他有些哽咽地说出来，我才知道，那些废瓶废盒，都被阿婆无偿地送给了这位老人，让他得此钱养家。"好人啊！"这位老人说。这些听来如此感人，阿婆确实是这样的人，江南女人的柔情的怜爱之心，在她身上显现得淋漓尽致，如茉莉花香，久远绵长。

生命如花，花去短暂。生命亦不可能永恒。可是朋友，当给别人送一片绿，花叶摇摆；给别人掬一阵香，花朵盛开。因为当你把生命放进别人心里，关怀他们一些，帮助他们一些，你的生命之花便在别人心中常开不败，溢满馨香。

犹记小时候，阿婆抱着我，对我轻声唱："好一朵美丽的茉莉花，好一朵美丽的茉莉花，芬芳美丽满枝丫，又香又白人人夸……"

（四）写法指导

1. 详略得当：

借物部分往往采用描写的表达方式，略写。

叙事部分写出人物的中心事，详写。

抒情部分常常运用议论和抒情的表达方式，略写。

2.过渡要自然

"神不散",因此要做到文章中除了有一根思想感情的红线外,还需要有较明显的却又是自然的句、段作为过渡。多用下面提示语:

想起 又到了 还是

3.对照例文《茉莉花开》

画出写茉莉花的句子,看看有几处?

作者写了几件事?在第几段?三段、四段?

认真阅读第三段,叙事部分有几行?写景抒情有几行?详略怎样?

认真阅读第四段,叙事部分有几行?写景抒情有几行?详略怎样?

(五)分层作文要求

1.写作有困难学生填空补白写作亲情篇《茉莉花开》。

2.中等水平学生仿写师爱篇和友情篇《茉莉花开》。

3.中等水平以上学生写半命题作文。

茉莉花开(亲情篇)

一个夏天的晚上,我躺在床上看书,风儿送来一阵清香,我爬起来揉揉眼睛,心想,是什么这么香呢?是妈妈的香水,还是爸爸泡的香茶呢?

我用力吸了吸鼻子,顺着香味找,走进了爸爸妈妈房间,发现香味越来越浓,原来是窗台上那盆茉莉花开了呀。回头再看辛勤浇灌花朵的妈妈。哦,她正在浇花(动作、神态、外貌描写)

_____

_____

_____

_____

　　（动作描写，勤劳的妈妈）妈妈多像茉莉花呀。从远处看，小小的茉莉花就像一颗颗星星，挂在一朵朵深绿色的云彩上。茉莉花洁白无瑕，亭亭玉立，风一吹，她向我微微点头。

　　果然，妈妈走进了我的书房。（神态和语言描写）

　　这时候，我感觉妈妈真像茉莉花，＿＿＿＿＿＿＿＿＿＿＿＿＿＿＿＿＿＿＿＿＿

＿＿＿＿＿＿＿＿＿＿＿＿＿＿妈妈每天为家庭无私奉献着。（工作上）

。

　　和妈妈接近越久的人，都会说她人好。就像观赏茉莉花，靠近看，看的时间长了，感觉茉莉花会越来越大，突然之间，茉莉花好像＿＿＿＿＿＿＿＿＿＿＿＿＿＿＿＿＿＿＿舒展开来，在月色的衬托下，发着动人的光，像＿＿＿＿＿＿＿＿＿＿＿＿＿＿＿＿

＿＿＿＿＿＿＿＿＿＿＿＿＿＿＿＿＿＿＿＿＿＿＿＿＿＿＿＿＿＿＿＿＿

＿＿＿＿＿＿＿＿＿＿＿＿＿＿＿＿＿＿＿＿＿＿＿＿＿＿＿＿＿＿＿＿＿

＿＿＿＿＿＿＿＿＿＿＿＿＿＿＿＿＿＿＿＿＿＿＿＿＿＿＿＿＿＿＿＿＿

＿＿＿＿＿＿＿＿＿＿＿＿＿＿＿＿＿＿＿＿＿＿＿＿＿＿＿＿＿＿＿＿＿

＿＿＿＿＿＿＿＿＿＿＿＿＿＿＿＿＿＿＿＿＿＿＿＿＿＿＿＿＿＿＿＿＿

＿＿＿＿＿＿＿＿＿＿＿＿＿＿＿＿＿＿＿＿＿＿＿＿＿＿＿＿＿＿＿＿。

茉莉花开（友情篇）

　　拈起一片茉莉花的花瓣凝视着一片纯洁的花瓣，使我想起那一幕幕往事……

　　与她相识是在一次春天，正是茉莉花盛开的季节＿＿＿＿＿＿＿＿＿＿

＿＿＿＿＿＿＿＿＿＿＿＿＿＿＿＿＿＿＿＿＿＿＿＿＿＿＿＿＿＿＿＿＿

＿＿＿＿＿＿＿＿＿＿＿＿＿＿＿＿＿＿＿＿＿＿＿＿＿＿＿＿＿＿＿＿＿

＿＿＿＿＿＿＿＿＿＿＿＿＿＿＿＿＿＿＿＿＿＿＿＿＿＿＿＿＿＿＿＿＿

＿＿＿＿＿＿＿＿＿＿＿＿＿＿＿＿＿＿＿＿＿＿＿＿＿＿＿＿＿＿＿＿＿

＿＿＿＿＿＿＿＿＿＿＿＿＿＿＿＿＿＿＿＿＿＿＿＿＿＿＿＿＿＿＿＿＿

＿＿＿＿＿＿＿＿＿＿＿＿＿＿＿＿＿＿＿＿＿＿＿＿＿＿＿＿＿＿＿＿＿

＿＿＿＿＿＿＿＿＿＿＿＿＿＿＿＿＿＿＿＿。她叫茉莉，我也不知道

她为什么叫这样的名字，我只知道，她很喜欢茉莉花。跟我一样，经常陶醉于茉莉花的香味。第一次见面时，出于偶然，我在花会上欣赏茉莉花时，我看见她也在那里欣赏，有时也用画笔把茉莉花画下来。她画得那么像，那么好看，那么美，使我也陶醉其中。她转到我的学校里了，她的学习一般，但她很喜欢画画，每次画画的时候，她都很认真，她的目光清澈、眼神明亮，一丝不苟地构图、调色。她总会把生活中最美的事物呈现给大家。其实她的身世也很美……

　　与她相知是因为那件事。那也是一个茉莉花开的季节。那天，_____

_____

_____

_____

_____

_____

_____。

　　这时，我又看见了茉莉花，_____

_____

_____

_____

_____

（描写茉莉）

与她相别又是茉莉盛开。_____

_____

_____

_____

_____

_____

_____

_____。

茉莉花开（师爱篇）

"好一朵美丽的茉莉花，好一朵美丽的茉莉花。芬芳美丽满枝丫，又香又美人人夸……"优美的旋律在耳边回荡，优雅的歌词似乎已经让我看见了那一朵朵散发着清香的白茉莉。

说起茉莉花，我总是想起一个人。（叙事）+写景_____

_____

_____

_____

_____

_____

_____

_____

_____。

还记得那个茉莉花开的清晨。＿＿＿＿＿＿＿＿＿＿＿＿＿＿＿＿

＿＿＿＿＿＿＿＿＿＿＿＿＿＿＿＿＿＿＿＿＿＿＿＿＿＿＿＿＿＿

＿＿＿＿＿＿＿＿＿＿＿＿＿＿＿＿＿＿＿＿＿＿＿＿＿＿＿＿＿＿

＿＿＿＿＿＿＿＿＿＿＿＿＿＿＿＿＿＿＿＿＿＿＿＿＿＿＿＿＿＿

＿＿＿＿＿＿＿＿＿＿＿＿＿＿＿＿＿＿＿＿＿＿＿＿＿＿＿＿＿。

还记得那个茉莉花开的夜晚。＿＿＿＿＿＿＿＿＿＿＿＿＿＿＿＿

＿＿＿＿＿＿＿＿＿＿＿＿＿＿＿＿＿＿＿＿＿＿＿＿＿＿＿＿＿＿

＿＿＿＿＿＿＿＿＿＿＿＿＿＿＿＿＿＿＿＿＿＿＿＿＿＿＿＿＿＿

＿＿＿＿＿＿＿＿＿＿＿＿＿＿＿＿＿＿＿＿＿＿＿＿＿＿＿＿＿＿

＿＿＿＿＿＿＿＿＿＿＿＿＿＿＿＿＿＿＿＿＿＿＿＿＿＿＿＿＿。

茉莉花，总是让人赞不绝口。它有着初绽的花朵，默默地散发出阵阵清香，它也有着凋谢的花朵，虽然不会再为人们贡献出芬芳，但是，落红不是无情物，化作春泥更护花。

蔷薇花开

罗文沁

越是有刺，越为坚强；蔷薇花开，绽于路上。

——题记

初春，路旁长出了一株蔷薇，却紧闭着花苞，用身上那坚硬的刺包围着自己。

　　从前的她是如此乐观坚强，遇到困难，总是一笑而过。她总是在我受挫时，开导我说："没事的，笑一笑，就过去啦！"于是便以各种方式来逗笑我。虽然我真的不开心，但我还是勉强挤出笑容，而她也会跟着我一起笑。因为有她，我的生活变得充满阳光，我才会变得乐观、坚强。

　　可却是没想到，如此坚强的人，经历重大挫折，也会变得脆弱。

　　那是一次意外，她的父亲心脏病突发，还没有来得及见上最后一面，就飞往了天国异乡。当她得知这个消息，一下子就红了眼眶，连忙转过身，忍住自己的眼泪。可就是控制不住情绪，泪水大把大把往下掉，浸透了她的衣角。那是我第一次见她哭，哭得如此狼狈。

　　她开始封闭自己，不和任何人讲话。她总是望着窗外的那丛蔷薇，望着其中那株带刺的蔷薇花苞而出神。巨大的阴影笼罩着她，在她的心上留下了伤疤。如同那株蔷薇，不愿面对世界，以刺来封闭住自己。

　　那是深圳最大台风的"山竹"过后，树木倒了一片。第二天，每个深圳人都在传播着微信圈。被风刮倒的树木横在路上，到处一片狼藉。可是勤奋要强的深圳人依然上班了、上学了。他们弯下腰，披荆斩棘，跨过泥泞和洼地。这份执着坚定的正能量迅速传递在微信圈。

　　路上那株蔷薇却在风雨后开放了，花瓣重重叠叠，冲破了花苞绽放。我高兴地发现，她也转发了这些图片。她曾经说过，蔷薇是她最喜爱的花，不仅是因为它的美丽，更是因为它身上乐观、坚强的精神，此时，她一定想起了自己曾经说过的话。从此，她开始努力地学习，全身心地准备着即将的美术考试。终于，她凭着自己的努力，她的作品获奖了——"蔷薇"。

　　春尽，蔷薇花苞奇迹般绽放了，披上鲜红艳丽的衣裳，深沉而热烈、热情而奔放。依旧带着刺，却是它那坚强的象征。

　　又是一年春末夏初，蔷薇花开正艳……

淡淡茶花开

林燕婷

踏着乡间泥泞的小路，突然一片花瓣从我眼前飘过，最终掉落在了小路上，我俯下身子，轻拈起一片茶花的花瓣，凝视着那一片淡粉色的神圣而又纯洁的花瓣。

——题记

放眼望去，右方的一块草坪中央有一棵笔直的茶树。树下，散落着沾着一点棕色的茶花。我的脑海里浮现出当年的场景，那时我还小，爷爷带着我去给茶树浇水。当时的茶树还没有那么高大，树上也没有那淡粉色的花。我摇了摇爷爷的手问："爷爷，这棵树是你种的吗？"爷爷笑着点了点头说："是啊，我和你奶奶最喜欢茶树了。"现在，我长大了，茶树也长大了，只是，种植茶树的人却消失在了远方。每次回老家，我都去给茶树浇水，也许是为了帮爷爷守护这棵象征着爷爷和奶奶爱情的树吧！

爸爸曾经给我们讲过爷爷小时候的故事。爷爷小时候是个小少爷，家里有许多土地，但后来因为某些原因土地被没收了，爷爷的生活也因此变得困难。在我的记忆里，爷爷是一个很爱学习的人，爷爷写的楷书很好看，也很爱读书。但爷爷从来没有在别人面前提起或炫耀过自己的往事和自己的优点，可以说爷爷真的十分谦虚。就如茶花一般，与其他花一样在春季开花，但却不引人注目。它只会绽放出自己最好的一面，至于别人的喜欢与否，它一点儿也不在意，做最好的自己就足够了。

做最好的自己，这句话影响了我。记得去年期末，我攒足了劲儿想考个好成绩，每天晚上挑灯夜战，上考场的时候信心满满。可是，成绩出来了，我不仅没进步，反而退步了。家长和老师都用忧虑的眼神看着我，他们都认为是我不够努力。那天晚上，我哭了，哭得很伤心。晚上，我做了一个梦。在梦里，爷爷站在茶花树下，慈祥地对我说："做最好的自己，不要害怕暂时的失败和别人的看法。"那天，我睡得很踏实，仿佛找到了自我。

至今，每次我迷失了自己的追求，我还是会不由得想起爷爷，想起他那消瘦的背影。茶花开了，那含苞欲放的花骨朵儿，多像一个个小心脏，花瓣层层包裹着，就像一个谦逊的人，不求最好，只追求更好，诉说着最好的自己。

第二格：升格作文训练——借物抒情有意趣

【教学目标】

1. 选取有正能量的素材。

2. 借花喻人法的迁移写作。

【教学过程】

（一）讲评上次作文

出现的问题：

1. 叙事部分字数少，文章唯美但是内容空洞。

2. 友情篇选材不能体现人物身上正能量，选材不够典型，不能写出人物精神。

（二）选材要典型

友谊类：选材凸显同学身上的优点：

竞争中成长、运动健儿、唱歌、朗诵、美术特长、为班级热心服务（打扫卫生、收发作业等）、不服输

（三）作文：飘香的记忆

例文

飘香的记忆

白一晴

樱花，片片落下，那一缕缕的香，都是在我记忆中最美好的芬芳。

——题记

我和你的相识全在不经意间。

那个七月，樱花正开得灿烂，飘飘洒洒，只因我们都爱樱花，在一夏的灿烂中相遇，从此，我们便相识了。

我和你成了对手，那一段日子，临近毕业，学校抓得紧，你和我也每天在奋斗。我知道，那时的你十分优秀，于是我不断努力，生怕被你超越。每当疲倦时，我便看向你，你总是伏在课桌前，戴着那厚厚的眼镜，眉头紧锁着，时而抿着嘴唇沉思，时而又奋笔疾书。于是我又有了新的动力。那时候，仿佛有一股神奇的力量，虽然看不见却紧紧束缚着咱俩，我们就在这神秘的磁场中不停追赶着、努力着，突破了自己，挑战了极限。窗外樱花也开得烂漫，摇曳生姿。

什么？你说我的成功来源于你，我还应该感谢你？

的确，那段日子，虽然成功占了大半，但仍是会有失利时，那试卷，满是红叉的试卷染红了我的眼，我渐渐把头伸向了臂弯，我把我自己埋在黑暗的世界痛苦哭着。一阵芬芳却在肩上蔓延开来，猛一抬头，哦，是你！你用那纤细的手指，掠动我杂乱的头发，拭去我眼角的泪花，拭去我心中的痛，你轻轻地笑着，眼中充满鼓动，对我说："别灰心，我们一起努力！"你的声音，回荡在耳畔，一遍又一遍，我仿佛嗅到了你我那最爱的樱花的芬芳，那样美好。我抬眼看向窗外，那簇簇樱花仍灿烂地在阳光里跳跃着，像小精灵那般，充满生机。成长路上，我们是朋友，相互鼓励，迈向理想的彼岸！

该来的还是会来，不管我曾多么期待或害怕，毕业的那一天总是会来。不约而同地，我们又到了那片樱花林，又一次看到烂漫的樱花。那片片樱花，开始从树上掉落，那柔软的花瓣铺满了大地，那淡淡的樱花香仿佛也是粉色的。我知道，我们的分离没有哭泣，只有欢笑，因为我们无愧于花季，都以优异成绩小学毕业了！

你穿着粉色的裙子，你宛若一朵樱花，长发随风飘扬着，那样美丽，那样动人，散发着淡淡的樱花香。你笑了，笑得和我们相识的那一天一样，全然没有了分别的忧伤。那一天，我们坐在樱花环绕中，沐浴着阳光，你在我耳边说："相约樱花季，三年再论剑！"

那一夏的美好，那一树的灿烂，那似你的樱花的芬芳，那记忆深处的一抹芬芳……

飘香的记忆

卢怀欣

那儿，花又开了，青碧的叶子上点缀着优雅的淡黄色花朵，氤氲的清香将回忆挟裹，我又想起了那年的栀子花开。

我是个女孩，却没有女孩应有的恬静，而是顽劣淘气，母亲为我操碎了心。我的顽劣淘气，经常给母亲招来一大堆麻烦。但每次父亲要扬手教训我的时候，母亲总是劝父亲说："孩子还小，打多了会让邻居笑话。"每次都

是因为母亲，我才免了皮肉之苦，我从心里感激母亲，母亲就像一把伞，时时刻刻保护着我。

那一次，我又要溜出去玩，妈妈叫住我，把我拉到栀子树下。母亲站在那儿，凝视了很久才说："这棵栀子树我种了8年，精心照顾它，可它仍然这么固执，始终不开花。它再不开花，邻居就会认为这是棵无用的树了。我给它喷上药物，就说是虫子闹的，替它遮掩不开花的窘状，在告诉邻居，它的花已经谢了……"母亲转过身继续喷着药水。看着妈妈细心地喷洒每一个枝丫，每一片叶子在她的呵护下鲜亮起来。

那不就是我吗？淘气、不上进、倔强……仿佛间，我似乎闻到一股青涩的花香。看着母亲，我的眼角温润了。我就像这棵忘记开花的栀子树，不好好学习，给母亲惹麻烦。而母亲，一直用她并不很宽广的肩膀为我支撑起一片蓝天，一直用爱精心地浇灌，呵护着我……

站在栀子树下，望着那随风飘舞的花儿，嗅着沁人的花香，脑海中回放着那飘香的记忆……啊！您是荷叶，我是红莲，除了您，谁是我在无遮拦的天空下的荫蔽？

从那以后，我仿佛开了窍，学习上突飞猛进。在学期末，我还评上了"三好学生"。难忘那年那日，因为母亲的良苦用心，那儿的栀子花终于开了花。

淡淡的白色花朵在枝头炫舞，飘出沁人心脾的花香。

第三格：创格作文训练——链接中考巧移植

【借物抒情】

是散文常用的手法，一山一水、一草一木、明月丽日、白云彩霞、瑞雪苍松等，往往承载着作者的无限情思和理想，由表象到思想，由有限到无穷，由具体到空灵，由物态到人情，实现物与态的融合美。风、花、雪、月、星、云、树、草，都用它独特的生命状态彰显生活中的美。

以下是2018年中考作文题目，请任选一题，运用借景抒情或者借物喻人来写作。

滨州　　留在记忆里的芬芳

菏泽　　心中一片月

要求：

1.题目要在文中开头、结尾、中间多次点题。

2.叙事、写景和抒情相结合。

留在记忆深处的芳香

张　瀚

每当进入回忆，总会先看见那记忆之中的藤，嗅见了独特的芬芳。

——题记

打开那锈黄的锁，推开那满是灰尘的记忆大门，就会看见那枯黄干巴的南瓜藤。

儿时，我经常去我家楼顶玩。那里有许多大盆栽，上面种满了植物。一天，我在楼顶玩的时候，往盆栽的盆子里丢了一颗南瓜子，我不指望它能长出来，我扔了它只是因为那颗南瓜子跟别个不一样，它干巴瘦弱，我不想吃罢了。

过了几天，我去楼顶玩。忽然发现那盆栽里多了一种植物，七八厘米高，瘦瘦的，也就一片小小的、嫩绿嫩绿的芽罢了。我当时以为是杂草，便把它从根部掐断了。因为那盆里的植物太多了，怕它跟其他植物抢养料。

几天后，我再去楼顶玩。却惊奇地发现，那棵"杂草"又长出来了。我急忙叫来妈妈，问她这是何方神圣，还会"复活"。妈妈扫了一眼那棵"杂草"，便不慌不忙地说："这是南瓜藤，生命力很强的一种植物，你可要好好照顾它，以后我们就能吃你种的南瓜了。" 听了这番话，我想起了之前那颗瘦弱的南瓜子。从此，由于我的无意的举动，我家多种了一颗南瓜。

有一个晚上，我正准备着第二天的考试。由于今天考试我没有达到理想的成绩，我十分伤心，我担心明天的考试又会失败，所以心神不定。那天下大雨，我又去楼顶散散心，突然发现南瓜藤在风雨中挣扎。它一次又一次地被风雨击倒，但又一次次艰难地爬起来。看到此情此景，我又想到了自己和考试：是啊！挫折并不可怕，可怕的是被风雨击倒之后，自己放弃自己，不能站起来。

现在，我们将要搬离这里。离开老屋的那一刻，我总觉得有什么牵挂。对了，我无意间亲手种下的南瓜，它还活着吗？我去看了它最后一眼，它还是干瘪枯萎的藤，只是还有几片叶子在风中摇曳，我惊喜地发现，上面居然开了一朵淡黄的南瓜花。

那股芬芳，不是花香，带着淡淡的草的味道。也许，是不屈服的生命的芬芳吧！

心中一片月

郑子轩

窗外月光皎洁，像我心中的那一片月。

"这道题为什么怎么想都想不出来呀？"悬在窗外的月光变得昏暗起来，微风拂动着窗帘。我一个人坐在书桌前冥思苦想，数学试卷和草稿纸铺在桌面上，纸上写满了一条条一串串的文字，我已经计算很久了。"这道题怎么还解不出来？"窗外的月光似乎暗淡了。

夜深了。月光透进了我的房间，而我还在思考。突然，妈妈端进来一杯热水，然后将外套披在我的身上，水散发着热腾腾的蒸汽。我拿起水杯，用手掌握住它时，感觉到我的手已经冰凉了，妈妈急忙跑向窗台，把窗户关严了。"晚上冷，容易着凉。"我看着水杯，清水无香，倒映出一弯新月。我端起水杯，喝了一口，清凉润滑。好像我把那弯美美的月儿，也饮了下去。我想起来，似乎每个晚上，我都有着神奇的"月亮水"喝。一喝下去，马上毫无疲惫。每当我口渴的时候，都会有一杯热水在我面前，每当我感到寒冷的时候，都会有一件外套披在我的身上。我又拿起笔来奋笔疾书。

月光……似乎又亮了起来。只见月亮从云层里探出头来，它那金黄色的光环，在黑色的夜幕中，熠熠光辉。

我重新抖擞精神，拿起一张新纸，深呼吸，重新看题。已知、已证、求证。一个公式浮现在我的脑海里，一步步思路呈现在纸上，能求的都求了出来，可还是解不出来。我把笔扔到一旁，感到一丝丝绝望。

　　但是就在我扔笔的时候，笔在空中旋转时，我好像想到了一个公式。我恍然大悟，拿起笔，在试卷上"唰唰"两下。题目终于解出来了，我舒坦地放下笔，习惯性地靠在椅子上。

　　我准备收拾东西，又回头看了看妈妈。她带着微笑，祥和地看着我。在月光下，妈妈的额头也发亮了，她美得像一尊雕塑。

　　窗外的月光。似乎更耀眼了……

　　我心中的一片月，是妈妈。是妈妈的亲切，是妈妈无微不至的关怀。

主题七　细审巧补出意境

——半命题作文补题

蔡朝霞名师工作室成员，龙岗区可园学校　吕　琳

第一格：入格作文训练——紧抓关键析导语

【教学目标】

1. 知识与能力：把握半命题作文补题的基本原则，掌握半命题作文补题的基本方法，正确地补充标题。

2. 过程与方法：结合具体的例子指导学生审题技巧和补题方法，鼓励学生交流探讨，培养学生的语言交际、沟通能力。

3. 情感态度价值观：在审题与补题的过程中，培养学生的审美鉴赏能力。

【教学重难点】

1. 把握半命题作文补题的基本原则，掌握半命题作文补题的基本方法，正确地补充标题。

2. 在审题与补题的过程中，培养学生的审美鉴赏能力。

【教学方法】

多媒体指导、师生互动、合作探究。

【教学过程】

（一）导入

标题，是文章的眼睛，透过它可以洞悉文章的灵魂。常言道：题好一半文，好的题目让人耳目一新，使人一见钟情。而半命题作文就有一半的命题权掌握在我们自己的手中。

今天，我们就一起来学习如何补出好的题目。

（二）基本形式

1. "半命题+要求"式

题目：《忘不了＿＿＿＿＿》

要求：

（1）请将题目补充完整；

（2）情感真挚，思想健康向上。

（3）自选文体。

（4）文章不少于600字。

2. "导语+半命题+要求"式

导语：有人说，生活是一次次的相遇，是一场场的别离。其实在成长的路上，总有些东西一直陪伴着你，支撑着你，给你启迪，给你鼓励；也许是一句贴心的话语，一个理解的眼神；也许是一束温暖的阳光，一棵无名的小草……

请以"_____一直都在"为题，写一篇文章。

要求：

（1）把题目补充完整；

（2）自选文体；

（3）不少于600字；

（4）文中不得出现真实的人名、校名、地名。

3. 半命题作文补题依据

学生思考发言：

（1）半命题作文补题时，依据什么呢？

（2）有什么好的补题方法吗？

依据：已知的内容，即审题

（1）无导语型：抓关键，辨限制

例：

一次_____的选择

审题："一次"是限定词，只能是一次。选择可以是二选一或者多选一。

练习：_____让我如此美丽

（2）导语型：析导语，抓关键

导语：有人说，生活是一次次的相遇，是一场场的别离。其实在成长的路上，总有些东西一直陪伴着你，支撑着你，给你启迪，给你鼓励；也许是一句贴心的话语，一个理解的眼神；也许是一束温暖的阳光，一棵无名的小草……

请以"_____一直都在"为题，写一篇文章。

要求：①把题目补充完整；②自选文体；③不少于600字；④文中不得出现真实的人名、校名、地名。

分析导语：

① 也许是一句贴心的话语，一个理解的眼神；也许是一束温暖的阳光，一棵无名的小草……

分析：导语中所罗列的事物，意在提示学生选材范围，省略号暗示可以展开合理的联想。

② 其实在成长的路上，总有些东西一直陪伴着你，支撑着你，给你启迪，给你鼓励。

分析：暗示了文章立意的一些侧面，省略号暗示学生还可以发散联想，即导语对命题中的"在"进行了深层理解，即陪伴、支撑、启迪、鼓励，而不是单纯的存在。

教师总结：导语能够提示**选材范围**、暗示**文章立意**、把握**写作主题**，指点行文布局。

（三）半命题作文补题方法指导

1. **具体事物拟题法**。具体的人、事、物入题。

如：《高跟鞋一直都在》

练习：《_____的味道》

2. **抽象事物拟题法**。化具体为抽象，抒写内心复杂的情感。

如：《温暖一直都在》

练习：《与_____拥抱》

3. **特定情景拟题法**。创设一种特定的情境。

如：《当高跟鞋再次响起的时候》

练习：《_____让我如此美丽》

4.特殊符号拟题法。借用特殊符号来拟题。

如：《我好想得到一个A+》

练习：《当我_____面对的时候》

5.引用化用拟题法。直接引用化用古人的诗句、文章、俗语、成语等。

如：《黄丝带一直都在》，表达亲人对迷途知返的人的接纳和宽容。

练习：《_____我最爱的》

（四）随堂练习

1.无导语式："如今，我才知道_____"

2.导语式：

亲爱的孩子们，在前行的路上，总少不了来自周围给予的力量。就像藤野先生那份跨越民族偏见的关爱，给予了鲁迅继续战斗的勇气；就像母亲勤劳坚韧的一生，给予了朱德忠于人民忠于党的力量；就像昆明使人动情的、明亮丰满的雨，给予了汪曾祺在艰难岁月里，仍珍爱生活的心境。这些力量有时来自亲人、师长或朋友，有时来自陌生路人或竞争对手，有时来自清风明月或一草一木，甚至是没有生命的物品或境遇……十几年来有没有一种力量，沉淀在你的心中，使你想起来便觉得温暖可亲，历久弥新。

请以"_____，给予我力量"为题，完成作文。

要求：

（1）请将标题补充完整；

（2）除诗歌、剧本以外，文体不限；

（3）书写要求：工整、规范、美观。

第二格：升格作文训练——上妆润色巧立意

【教学目标】

1. 知识与能力：分析补题时常犯的错误，提高补题能力，将补题与选材、立意相结合。

2. 过程与方法：结合学生具体的作文题目指导学生修改补题，鼓励学生交流探讨，培养学生的语言交际、沟通能力。

3. 情感态度价值观：在审题与补题的过程中，培养学生的审美鉴赏能力。

（一）导入

优秀补题展示：

《如今，我才知道专注是多么重要》	（陈 超）
《如今，我才知道微笑的力量》	（田曾婕）
《如今，我才知道蝴蝶结很贵》	（李圳钰）
《彩虹，给予我力量》	（黄佚凡）
《明月，给予我力量》	（朱炫燕）
《阳光，给予我力量》	（叶 萱）
《那个醒目的"！"，给予我力量》	（孟繁宇）
《父亲的双手，给予我力量》	（李圳钰）
《番茄面，给予我力量》	（王笑阳）

《阳光的温度，给予我力量》　　　　　　　　（肖雅彤）

《墨香，给予我力量》　　　　　　　　　　　（黄佚凡）

《奶奶的歌声，给予我力量》　　　　　　　　（陈逸舟）

《满天繁星，给予我力量》　　　　　　　　　（郭凌汐）

（二）补题中出现的问题

1.题目雷同：《如今，我才知道珍惜》

2.题目过空：《如今，我才知道生命的价值》

3.题目随意：《如今，我才知道海》

（三）给眼睛上妆

1.审题润色：不可拘泥于导语所提供的内容，有能力者应该充分发挥联想，挖掘省略号的暗示内容。

以上节课的"＿＿＿＿一直都在"为例：

导语提示选材	联想
话语	那句"我相信"……
眼神	微笑、眼泪、蹙眉……
阳光	明月、彩虹、星空……
小草	落花、寒梅、风雨……
……	……

2.补题润色：

（1）小角度

教师点拨：聚焦到所选事物的独特处、叙事的感人处、情感的爆发点、智慧的碰撞处作为标题的补充，越具体越好，最终以小见大，彰显主旨。

学生练习展示：《妈妈的白发，给予我力量》

《那句"相信你"，给予我力量》

《那抹微笑，给予我力量》。

（2）逆思维

教师点拨：从生活的反面切入，选取生活中令人感觉不是很美好的事物，从与不美好对抗中汲取正能量，即逆思维拟题，最终一波三折，引人入胜。

学生练习展示：《对手的嘲笑，给予我力量》

《老师的无视，给予我力量》

《那个刺眼的红"×"，给予我力量》。

（3）添诗意

教师点拨：巧用比喻、拟人等修辞；巧用常见的具有象征意味的词语；巧借名人、名事、文学情节入题，最终托物言志，彰显斐然文采。

学生练习展示：《启明星，给予我力量》

《仰望星空，给予我力量》

《苏轼，给予我力量》。

教师总结：通过给眼睛上妆，最终让标题能够兼具**具体、新颖、深刻**三大原则。

（四）标题的秘密

思考：审题仅仅是为了补题吗？补好的题目到底隐含了一些什么信息？

（小组讨论发言）

教师总结：标题的升格，绝不仅仅是标题的美化，而是对整篇文章的行文思路、立意深浅、结构详略、语言描写有了新的把握，让写作者胸有成竹，写作时行云流水，达到题文紧扣、画龙点睛的效果。

例：《老师的无视，给予我力量》

明确文章中心	借老师独特的教育方式赞扬老师的因材施教
明确文章立意	反向立意，赞扬老师善于启发学生发现真正的自我
明确文章结构	欲扬先抑，设置悬念，一波三折，抑少扬多，详写老师的良苦用心，以及误会解除后的我的成长
明确写作语言	记事类文章，叙事为主，议论抒情为辅，注重多角度、多方位的细致描写

（五）牛刀小试

修改上次的作文。

父亲的双手，给予我力量

李圳钰

"举高高！飞起来喽！"

那宽大有力的双手一次次把我的身子在空中托举，放下，再高高托举。中间杂着我咯咯的笑声和他微微气息不匀的呼吸声。

十年过去了，父亲的双手始终如一，一次次引我向上。

死死攥着惨白的试卷，"为什么？我明明努力了！"我在心里无声地呐喊。旁边同学高兴地讨论着自己的进步，只有我，好似被上帝遗弃了一般。我咬紧嘴唇，强忍眼泪，将试卷胡乱揉作一团，塞进书包，拎起书包的一条带子，任另外一条随意摇摆奄拉着。

风凉飕飕的，几片树叶禁不住这风，被撕扯下来，在空中翻滚着，挣扎着。天空乌云密布，抬头望着那黑压压的一片，不禁湿了眼眶。

"回来啦，吃点？""烦死了！"我阴沉着脸，进了房间。正要随手把门关上，突然，一双大手扒住了门。"门会坏的，"父亲柔声说道，轻轻地

走了进来，一只手搭到我的肩上，"发生了什么？说说看。""我，我明明那么努力了……"我哽咽着，看向窗外，想管住自己不听话的眼泪，但还是弄湿了那张折皱的试卷。不知何时，窗外的雨淅淅沥沥地下起来了。

沉默了一会儿，父亲抚着我的头说："不要给自己太大压力，相信时间会证明一切，继续坚持就好，超越以前的自己！比之前更努力！"父亲拉着我的手，温柔而有力，好像是想为我注入他的力量。"走，吃饭！别把时间浪费在难过上。"借着父亲的力量，我轻松地站起，头依然低垂，突然间我瞥到了父亲的双手，这是怎样的一双手啊！我第一次细细端详，他并不像我想象的那么宽大有力，反而皮肤粗糙，手心更是布满老茧，拉着我的手让我似乎还有点刺刺的感觉，粗大的关节显得厚重。

饭桌上，我又注意到了父亲那双频频为我夹菜的手。看着，看着，我仿佛看到了往昔岁月中父亲为了照顾我，笨拙炒菜被烫伤的样子；看到父亲在风雨里，努力骑行只为早点接到女儿的焦急；看到父亲在夜深人静用双手专注敲代码的坚毅神情。是这双手，带我们父女俩熬过了一段艰难的岁月，是这双笨拙、粗糙但有力的手，无数次地将我从抱怨和放弃的负面情绪中拉起。

吃完饭，父亲手捧一本书，拉着我的手，坚定地说："送给你，相信你可以，加油！"顿时，考试失利的情绪一扫而光，一股拼搏的力量涌上心间，我打起精神，再次握起了笔。

期末考试后，我兴致勃勃地跑回家，报告我的好消息。"我知道你能行！"父亲大手一拍，伸到我面前，"你不过是需要一些信心和动力罢了。"

父亲，是你！用你的双手，让我躲过阴霾，享受晴空朝阳；是你！用你的双手为我遮风挡雨，指引正确的航向；是你！用你的双手为我长上翅膀，给予我无尽飞翔的力量。

第三格：创格作文训练——中考实战超链接

【链接题目】

作文题目一：

在小说《灯》中，父亲是一盏灯，陪伴小伟踏实前行。其实生活中还有很多这样的"灯"：书籍是一盏灯，引领我们走进智慧的殿堂；文明是一盏灯，照亮我们温馨和谐的家园；有时，失败和挫折也可以是一盏灯，为我们拨开迷雾，指引方向……

请以"＿＿＿＿＿是我人生路上的一盏灯"为题目，写一篇不少于600字的作文。

要求：①将题目补充完整；②内容具体，有真情实感，不得套作抄袭；③文体不限，诗歌除外；④文章中不得出现真实的人名、校名、地名。

作文题目二：

以"爱上＿＿＿＿＿"为题。

本篇作文要求如下：①结合个人生活经历，将题目补充完整；②文章叙事清楚，结构完整，内容充实，立意新颖；③恰当运用描写、抒情等表达方式，写出真情实感；④写一篇600字以上的记叙文；⑤作文中不得出现真实的校名和姓名。

【移花接木，创造精彩】

爱上一座城

夏馨语

深圳，我出生到长大的地方。

也许是因为早上起来的机器轰鸣，有点吵闹；也许是因为路上行人的步履匆匆，有点匆忙；也许是上下邻里的相对无言，有点冷漠。我对脚下这片生育我的土地，并不热切。它总让我觉得：它不如故乡那般讨喜。

可有时，爱与不爱就在一念之间。

又是一个寻常的晚上，做完一天的功课疲倦不堪。爸妈还未下班，便下楼去散步。天边挂着的路灯很热很亮，把黑夜烫了一个洞，迎面的寒风吹拂着，带着些许凉意，似乎有一股生煎香。等等！生煎香？

寻香前去，不远处果然有一个生煎摊，一对中年夫妇正在忙碌着，我走过去："老板，来一份生煎。""好的，小姑娘侬要焦的伐。"我有些愣了，这，多么熟悉的话语？禁不住抬头，微微一笑，他们黝黑的面庞上也挂着和善的笑，透过摊上扑腾的雾气，带着独属于家乡的亲切感。

生煎好了，四下没什么客人，老板便端了把椅子坐在我的旁边。"老板，你是安徽人吗？""唉，小姑娘，我们是同乡的伐。好巧唉，来来来，再送你一个生煎。"她一边做事，一边滔滔不绝，和我话家常，脸上带着遇到老乡的喜悦。我们一直聊着，从她家小孩到她对社会的感悟。"家里生意不好做，我们便来到深圳找点机会，深圳真开放，真好，现在靠我的双手，能给我们家孩子买好多的衣服呢！再也不用受穷了。好啊！"脸上是满满的满足和幸福，夜灯照在她的脸上，眼睛里有无数的小星星在不断地

· 98 ·

闪烁着。

　　看着看着，恍惚间，老板忙碌的身影渐渐与我的父母重合了，他们到现在还未归家，他们也在这个城市的某一个角落努力着，为自己，为我，为这个家。这一刻，可能我有点爱上这座城了。突然明白它的机器轰鸣，不是冷漠，而是发展建设；它的步履匆匆，不是匆忙，而是追寻希望；它的相对无言，不是冷漠，而是静待温柔。

　　离开时，再回头，生煎摊上的小橘灯散着橘黄的光，没有了之前的张牙舞爪，静静地柔和着这夜，静静地温暖着这城。我想，我已经爱上深圳了。爱上它的包容，它的开放，它的努力，它充满希望。是它，给了他们，给了像我的父母一样的人生存的机会，奋斗的方向。

　　林徽因说过："因为一个人，爱上一座城。"我想说："因为爱上一座城，更爱这里的人。"

主题八　以读促写谱华章

——读写结合法

深圳市龙岗区名师工作室主持人　蔡朝霞

第一格：入格作文训练——以读促写

【学习目标】

1.研读《安塞腰鼓》中的重点段落，揣摩精妙之处。

2.学以致用，使用独句段、博喻、叠音词的独特手法进行写作。

【学习准备】

1.学习用品：教材、作文本、笔。

2.有感情朗读《安塞腰鼓》。

【学习过程】

（一）导入

《安塞腰鼓》用雄浑磅礴的语言再现了陕北人民旺盛的生命力，这是一首生命的赞歌。此文的语言风格、结构特色和修辞的运用都堪称写作的范本。今天，我们再来研读精彩片段，以读促写，完成写作目标。

（二）修辞谱华章

1.教师激情范读文段，请指出采用了什么修辞？赏析文段。

一捶起来就发狠了，忘情了，拼命了！百十个斜背响鼓的后生如百十个被强震不断激起的石头，狂舞在你的面前。骤雨一样，是急促的鼓点；旋风一样，是飞扬的流苏；乱蛙一样，是蹦跳的脚步；火花一样，是闪射的瞳仁；斗虎一样，是强健的风姿。黄土高原上，爆出一场多么壮阔、多么豪放、多么火烈的舞蹈哇——安塞腰鼓！

2.观察短跑冲刺运动员的头、胳膊、腿、目光，运用比喻和排比句式仿写。

3.出示学生范例，教师评点。

（三）有声胜无声

1.找出文段中叠音词、象声词，赏析精妙。

百十个腰鼓发出的沉重响声，碰撞在四野长着酸枣树的山崖上，山崖蓦然变成牛皮鼓面了，只听见隆隆，隆隆，隆隆。

百十个腰鼓发出的沉重响声，碰撞在观众的心上，观众的心也蓦然变成牛皮鼓面了，也是隆隆，隆隆，隆隆。

2.观察运动会开幕式图片，启发学生用叠音词营造氛围。

（四）寓情独句段

1.找出全文反复出现的独句段。

——好一个安塞腰鼓！

——好一个安塞腰鼓！

——好一个黄土高原！好一个安塞腰鼓！

——好一个痛快了山河、蓬勃了想象力的安塞腰鼓！

2. 品味作用并运用。

作用：深化主题，是全文的抒情线索，赞美了安塞腰鼓的神奇和伟大的生命力。

（五）入格训练

作文题目：《运动会剪影》

字数：600字以上。

运动会剪影

何梓源

一群兴奋的学生。

他们身后是重叠翠绿的山林。他们朴实得就像那树林中一棵小树。挺直而整齐。

丝溜溜的微风吹拂着他们的发梢，也吹动了他们的衣衫。

但是：

看！——

各形各色的服装披在那精神饱满学生的身上。

一个班的武术表演，他们的胳膊、腿有力而稳重地搏击着，大起大落地搏击着。他们每出拳的吼声都震撼着你，烧灼着你，威逼着你。他们使你从来没有如此鲜明地感受到武术之美、生命之强。它使你惊异于那校服包裹着的躯体，那在陆地上弱小的身体中居然释放出那么奇伟磅礴的能量！

好一个开幕式！好一个武术表演！

还有一个班的街舞表演，他们每一个舞姿都充满了力量。每一个舞姿都呼呼作响。每一个舞姿都是光和影的匆匆变幻。每一个舞姿都使人惊艳，使人叹为观止。

好一个开幕式！好一个街舞表演！

转眼间

看：

一跑起来就发狠了、忘情了、拼命了！每个目视前方的后者，穷追不舍，狂飙在你面前如骤雨一般，是既凶猛又急速的；如旋风一般卷起了周围的扬尘，如猎豹一般，是在追寻着食物一样；又如斗虎一般，是强健的风姿。在百米跑道上爆出一场多么精彩、多么刺激的比赛！——百米冲刺！

好一个运动会！好一个百米冲刺！

跳高健将的胳膊、腿、全身有力地搏击着。它使你感到没有重力一般，它使你惊异于那看似平凡的双腿竟可跳如此之高，居然可以释放出如此神奇的力量！

愈演愈烈！胜利降临于努力的人身上。

越观越燃！抓着人心，鼓舞斗志。

越跑越猛！为胜利拼搏到最后。

痛苦和欢乐，学习和运动，都在这欢呼中交织、旋转、凝聚和升华！

运动会剪影

伍芷乐

一群拼搏的学生。

他们的身后齐心的队伍。他们朴实得就像那田野中的小草一般，咝溜溜的南风吹动了他们的发丝，但是，看——也吹动了他们的衣衫。

只听见嘿哈、嘿哈、嘿哈，十几个表演武术的人如猛虎一般的吼声，一声声碰撞在运动场周围。又看见几个街舞少年精彩的表演，听着那激昂动人的音乐，也是嘻哈、嘻哈、嘻哈……美丽又优雅的新疆舞者们，用那优美的舞姿翩翩起舞，是那叮咚、叮咚、叮咚……

好一个运动员开幕式！

看！——

在跑道的一处，四个目视前方的学生，就如飞驰的闪电一样，狂舞在你的面前。骤雨一样，是急促的脚步；旋风一样，是飞扬的发丝；火花一样，是坚定的目光；斗虎一样，是强健的身姿。一跑起来就发狠了、忘情了、没命了！在这跑道上，爆出一场多么壮阔、多么豪放、多么震撼的舞蹈哇！

好一个百米冲刺的运动健儿！

跳高健将的胳膊、腿、全身有力地搏击着、急速地搏击着、大起大落地搏击着。它使你用热切的目光注视着那道道身影，它使你惊异于那学生服包裹着的躯体，可以消化着那么巨大的力量的躯体，可以释放出那么奇伟磅礴的能量！

好一个跳高健将！

越舞越烈！形成了一幅壮丽的画面！

越奔越快！宛如一道道飞驰的闪电！

越跳越高！仿佛脱离了地心引力飞驰而上！

所有痛苦和欢乐、学习和运动、成功和失败都在这一声声叹息和声声欢呼中交织、旋转、凝聚！当它戛然而止的时候，场面出奇得寂静，简直像来到了另一个星球。耳畔又响起了一声声的叹息与欢呼。

第二格：升格作文训练——巧解题目用旧料

【教学目标】

1. 虚题实写的技巧。

2. 素材的旧料加工。

3. 开头结尾妙用照应。

【教学过程】

（一）虚题实写法

学生拿到作文题目后有苦恼：一些题目看起来颇为抽象甚或"空洞"，如"尝试""诚信""感情亲疏和对事物的认识""时间啊，时间"，"风景""爱"；有些描写议论的对象难以直接表现，如"独到的感觉"等。遇到这种情况怎么办？硬着头皮直接从正面去写，其效果恐怕不会好，这就需要用由虚入实法。它需要你把虚拟的东西写得真实、可信，把隐寓的道理说得看得见、摸得着，把看起来很空洞的论说表达得具体形象、文采斐然。古语云："山之精神写不出，以烟霞写之；春之精神写不出，以草树写之。"

正是对这种表现技巧的形象化说明。

（二）旧材新雕：以《心中的风景》为例

在准确审清原意的基础上，依据事物的内在联系，展开丰富的联想。化抽象为具体，由物想到人，由自然现象想到社会现象，由虚拟事物想到现实事物，由个别想到一般等。

风景：

1. 自然风景。

2. 校园中美好的事件。

3. 社会上美好的风尚、一个人美好的品质。

风景要是写，写一个人、一件事，可以表现健康向上、积极乐观的审美情趣。建议大家活用上次写的成功的作文——运动场上的风景，这个素材最能体现中学生蓬勃的青春、阳光的竞争和昂扬向上的精神风貌。

（三）照应与点题

题目是"心中的风景"，要在开头、结尾和每一个独句段点题，这样才中心明确、入题自然贴切。

心中的风景
伍芷乐

在漫长的生命长河中，时间在慢慢地消逝，但是生命中一些美好的瞬间却刻在了我们的心中。它也许没有多么令人震撼，没有多么的精彩动人，或许只是件很平常的事，可在我们的心中是那么的美好。

在我心中，有一幅美丽的画面，它也是一幅拼搏的画面，更是一幅青春的画面。

看那……

一群拼搏的学生。

在那运动场的跑道上，四个跑步健将紧张地目视着前方。只听"砰"的一声枪响，就看见那四个跑步健将就如闪电一般，狂舞在你面前。骤雨一样，是急促的脚步；旋风一样，是飞扬的发丝；火花一样，是坚定的目光；斗虎一样，是强健的身姿。一跑起来就发狠了、忘情了、拼命了！在这跑道上，爆出一场多么壮阔、多么豪放、多么震撼的舞蹈哇！

好一处最美的冲刺的风景！

跳高健将的胳膊、腿、全身有力地搏击着、急促地搏击着、大起大落地搏击着。它使你用热切的目光注视着那道道身影；它使你惊异于那学生服包裹着的躯体，可以消化着那么巨大力量的躯体，可以释放出那么奇伟磅礴的能量！

好一处最炫的跳高的风景！

越舞越烈！形成了一曲壮丽的画面！

越奔越快！宛如一道道飞驰的闪电！

越跳越高！仿佛脱离了地心引力飞驰而上！

所有痛苦与欢乐、成功与失败都在这一声声叹息和一声声欢呼中交织、旋转、凝聚！

于是，一幅伴随着夕阳，伴随着阵阵叹息与呼唤的画面就这样在不经意的瞬间在我心中刻下。

这便是我心中最美丽的风景。

心中的风景

何梓源

一阵轻柔的春风，吹动了树上嫩叶，也轻轻地吹开了我心中的那本相册。岁月的风铃摇醒了相册中的一张张相片，久违的轻松愉悦又被唤醒。白

云在蓝蓝的天空中悠闲地散步，大地上不乏我那时童稚的欢笑。百米赛道上挥洒的汗水，正在浇灌着成功的花，一张张图片上都洋溢着同学们开心、拼搏的笑容……每当想起这些，这一张张图片就映照在我夜空般空灵的心上——心中最美的风景，这就是那次运动会。

看！——

各式各样服装披在那群精神饱满学生的身上。

一个班的武术表演，他们的胳膊、腿有力而稳重地搏击着，大起大落地搏击着。他们每出拳的吼都震撼着你、烧灼着你、威逼着你。他们使你从来没有如此鲜明地感受到武术之美、生命之强。它使你惊异于那校服包裹着的身躯，那在陆地上弱小的身体中居然释放出那么奇伟磅礴的能量！

好一个开幕式！好一个武术表演！这处风景真美！

还有一个班的街舞表演，他们每个舞姿都充满了力量。每一个舞姿都呼呼作响。每一个舞姿都是光和影的匆匆变幻。每一个舞姿都使人惊艳，使人叹为观止。

好一个开幕式！好一个街舞表演！又是一处美的风景！

转眼间。

看！

裁判手中发令枪举了起来，那黑洞洞的枪口直指云天，"砰"的一声，只见一阵白烟……一跑起来就发狠了、忘情了、拼命了！每个目视前方的后者，穷追不舍，狂飙在你面前如骤雨一般，是既凶猛又急速的；如旋风一般卷起了周围的扬尘，如猎豹一般，是在追寻着食物一样；又如斗虎一般，是强健的风姿。在百米跑道上爆出一场多么精彩、多么刺激的比赛！——百米冲刺！

好一个运动会！好一个百米冲刺！好一个美的风景！

愈演愈烈！胜利降临于努力的人身上。

越观越燃！抓着人心，鼓舞斗志。

越跑越猛！为胜利拼搏到最后。

痛苦和欢乐，学习和运动，都在这欢呼中交织、旋转、凝聚和升华！在我空灵如星空般的心中穿梭。一张张图片绘成一张风景图贴在我心中的某块墙上……

第三格：创格作文训练——链接中考巧作文

【教学目标】

1. 运用虚题实写法审题。

2. 运用独句段作为抒情线索。

作文原题：2018年广东省中考作文：

阅读下面的文字，按照要求作文。

恒，是追梦路上的执着，是身处困境的坚守，是成功的压舱石。恒，就是不忘初心的一笔一画去描绘心中的愿景。

请以"恒"为题目，写一篇文章。

要求：

（1）自选文体；

（2）不少于500字；

（3）文中不得出现真实的姓名和校名。

恒

何梓源

恒，是追梦路上的执着；是身处困境的坚守；是成功的压舱石。恒，是黑暗中仅剩的火苗，是圆梦的基石。恒，就是不忘初心一笔一画去描绘心中愿景。恒，就是在狂风中逆流而上的风筝……

恒，大雁。

飞越200英里的大雁，在春天到来之际到达目的地。它们知道每次迁徙都是一次玩命的赌注。白天、夜晚或狂风暴雨也无法阻止它们前行，南飞的大雁即使遇上了喜欢的沙滩和沼泽，也目空一切、一声不响——大雁迁徙的恒。

恒，长跑。

发令枪打响，跑在那无情的跑道上，在跑的过程中，艰难地迈出每一步，仿佛每个后一秒都要倒在跑道上，身上的汗水也顾不得管，迈出每一步都在选择要不要放弃，在冲刺那一刹那，忘情了、拼命了，双手有力地搏击着空气，每个动作都呼呼作响，让自己也惊叹于生命的力量。每个目视前方的后者，穷追不舍，狂飙在你面前如骤雨一般，是既凶猛又急速的；如旋风一般卷起了周围的扬尘，如猎豹一般，是在追寻着食物一样；又如斗虎一般，是强健的风姿。——长跑也只有恒才能胜利。

恒，军训。

烈日下，骄阳下，我们笔直地站在操场上，脸已经被太阳晒得通红，但那股认真专注的神情，一直在我们脸上。额头上细密的汗水划过脸颊，流过手臂，一颗颗豆大的汗珠落在地上。我情不自禁地动了起来。"动了打报告。"忽然教官一声令下。我被吓了一激灵，刚才还在九霄云外的思绪现已回到了体内。我抬头看向教官，以为教官在说我。我正准备开口却被一个同学抢先了一步。"呼——"我深深地吐了一口气，心里想到那些军人，连蚊虫叮了也不能动，而我被阳光晒一下就坚持不住了。——战胜自己也要靠恒。

恒，它是一把钥匙，是打开困难大门的途径。恒，无尽的、不停的、勇敢的、放纵的。因为恒，我们才能做好事情；因为恒，我们才能奔向梦想；因为恒，我们才能在迷茫中找到方向；因为恒，我们才能取得最终的胜利。

第三篇

九年级

主 题 板 块

主题九　聚焦一物显神韵，借物传情言心声

——记叙文人物描写

蔡朝霞名师工作室成员，龙岗区可园学校　林惠玲

第一格：入格作文训练——聚焦一物显神韵

【教学目标】

1. 知识与能力：理解什么是作文中的"物"，学会在写作中选"物"，聚焦一物显神韵，把作文写鲜活、真实、生动。

2. 过程与方法：创设情境，感受"物"，鼓励学生交流、评析范文中有关"物"的描写，培养学生共同研讨合作的能力。

3. 情感态度与价值观：让学生养成观察的习惯，留心生活。

【教学重难点】

1. 理解什么是作文中的"物"，学会在写作中选"物"，聚焦一物显神韵，把作文写鲜活、真实、生动。

2. 创设情境，感受"物"，鼓励学生交流、评析范文中有关"物"的描写，培养学生共同研讨合作的能力。

【教学方法】

情境法、范例法、小组合作交流法、练习法。

【教学过程】

（一）营造氛围，导入课题

幻灯片展示消防栓、听诊器、芭蕾舞鞋等，让学生猜相关的职业。

1. 学生交流：你从展示的这一物，你能联系到什么职业？

2. 教师导入：芭蕾舞者"台上一分钟，台下十年功"，为我们展示出最完美的舞姿。聚焦这双芭蕾舞鞋，我们似乎可以感受到芭蕾舞者们的坚持与坚强。"聚焦一物显神韵，借物传情言心声。"今天我们一起来学习如何聚焦一物，突显人物的性格、品质。

（二）学习"物"的定义

PPT展示：

笼统地说，"物"是对文章的人物形象塑造和情感表达有着重要作用的物件（如红舞鞋、老花镜、红马甲等）。

（三）学习选择"物"

学生阅读相关范文、选段，思考：作者借助什么物，体现了人物什么品质，表达了怎样的情感？

范文、选段：

（一）老屋的女人

老屋不老，只因其外形而称其为老。八十四个春秋不仅使得她白发苍苍，也在她的心头刻上了历史的沧桑。

女人老了，开始自责自己再也不能劳动，自己成了累赘，可女人似乎忘了，就是在这老屋里，她曾养育了多少儿女。

在这老屋里，曾有五个小儿女呱呱坠地，而这几个小生命都是在女人的爱抚下成长的。那时的女人很忙，奔前跑后，可她不知疲倦，她愿意做这种工作。

儿女长大了，出嫁了，成家了，房子空了，女人也老了，女人认为自己不中用了，直到小儿子把这两个宝贝孩子送到老屋。

老屋又热闹了，孙子孙女的欢声笑语一度填满了老屋的空虚，也年轻了女人的心。可是，在女人疲倦之前，孙子孙女又要外出求学了。女人虽然不舍得，可还是乐呵呵地将要用的瓶瓶罐罐装进孩子的包里。之后，女人有些落寞了。

也许是岁月作弄人，也许命运根本就是这样，离去的孩子带走了老人的欢欣，寂寞的心灵开始像孩子一样期盼着被关爱，女人终于开始承认自己老了，她的心只有在孩子回家看望时才会苏醒。

老屋要拆迁，可女人不准，她说要它陪伴走完一生，她不接受儿女的请求，她不离开老屋，因为老屋曾陪伴她走过大半辈子。

可后来，女人同意搬家了，原因是孙女的话。

女人一直都在埋怨自己一辈子毫无功绩，除了拉扯大几个孩子，其余的都不沾边。可孙女却说：不同的人有着不同的作用。女人的一生都在为孩子奔波，这是女人的功绩，这是她的价值，女人做到了。一生的忙碌让自己的孩子在社会上占有一席之地。她的梦想达到了，现在是她安享晚年的时候了。

也许我的故事还没有讲完，老屋并没有拆，女人则有儿女相伴。女人是我的奶奶，这个劳碌一生的人现在可以安详地欢度晚年了。她总是对我说："人活一次不容易，要不断努力拼搏自己的理想，适当地休息也只是为了更好地努力。"

别让心跳乱了节奏，而让生活变得不自由，愿所有人努力生活，一起去解开萦绕心头的寂寞。有始有终奋斗拼搏，准备就绪进入下一个世纪。

生无所息，创造生活；生有所息，只为更好地生活。我会努力，实现老屋里那个女人的梦。

（二）

5岁，关爱藏在奶奶的<u>毛衣里</u>。"来，试试奶奶给你新织的毛衣！"于是我便飞也似的跑了过去。"哇，好漂亮的毛衣，我真喜欢，谢谢奶奶！"穿上新毛衣，好暖和。我看见奶奶的眼中笑出了一朵花，灿烂地对我开放。我每天都穿着这件毛衣，每天都能感到幸福的味道，感受到被宠的滋味，于是我发现，我就在奶奶的毛衣中慢慢地长大。

（三）

小时候，爸爸的<u>自行车</u>载着我风里来，雨里去。那时的我很稚嫩，爸爸很胖。我坐在后面，总爱与爸爸争夺座垫与后垫之间的空间。我叫着嚷着，爸爸憨憨地笑着，不时发出吃力的声音，最后，赢的总是我。我总把头高高昂起，常胜将军一般威风凛凛。殊不知，爸爸肥胖的身躯占有的空间却是那么少。

……

小时候，爸爸用"让"装点女儿上学的路；后来，女儿悄悄读懂爸爸"让"的爱；而现在，女儿和爸爸共同用爱让出自行车上那美妙的空间。

（四）我来选"物"

1.选择"物"的思维路径

教师点拨：

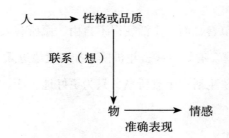

2.我来选"物"：

（1）学生完成以下思维途径图。

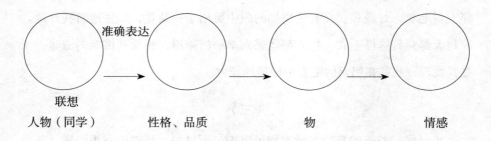

（2）学生组内交流选"物"情况，派代表在班上分享交流。

（五）选"物"传情

以"我的＿＿＿＿＿＿＿＿＿＿"为题写一片段，选一物，要求它最能体现你所描写的亲人的性格、品质等特点。限时5分钟内完成。

我的爷爷

小时候娱乐不多，我最喜欢的就是跳到凳子上唱歌。为了哄我开心，爷爷特地买了一本**儿歌歌谱**。每天下班后，**爷爷就会拿着歌谱**坐在椅子上教我唱儿歌，"春天在哪里呀春天在哪里……"夕阳西下，爷爷拍着手轻轻地哼着，我奶声奶气地学，咿咿呀呀不成调。偶尔，想爸爸妈妈了，我一个人孤零零地蹲在院子里，爷爷总会说："来，我们去拿**歌谱**，爷爷教你唱歌。"说罢，抱起我，一边轻轻拍抚，一边唱起"小燕子，穿花衣……"

时间的年轮一圈一圈地转，那本儿歌**谱集**却在我心里留下难忘的回忆。

（六）布置作业

在我们的人生经历中，有许多人、许多物给我们留下了深刻的印象，奶奶的绣花针、妈妈煮的那碗云吞面……以"想起那_____"为题写作文，不少于600字。选一物，要求它最能体现你所描写的人物的性格、品质等特点。

想起那藕夹

从学校回到家里时，天已经黑了。厨房里亮着橘黄色温暖的光，飘来饭的香甜。看着爸爸在厨房里挥舞锅铲的模样，我一阵恍惚，思绪又回到了以前……

记得小时候是在老家长大的，家里的一草一木，一角一落，都在冥冥之中牵扯着我的心弦。而让我久久都不能忘怀的是爷爷做的藕夹。

爷爷年轻时在大队当过炊事员，烧得一手好菜，每每村里谁家有了什么喜事，都必定要请他去帮忙备喜酒。我从小吃爷爷的饭长大，那种味道至今都忘不了。那是种独有的柴火的清香，清爽又难忘。

藕夹做起来十分麻烦。要先去市场上买来新鲜的藕，洗去淤泥，切成

片。沾在蛋清和面粉里，中间夹肉末，再放入锅里炸。其工程之烦琐又细致。但爷爷却不怕，他将藕用井水淘洗净后，放入凉盆，这样做出的藕夹清脆，没有藕丝。接着，他买来上好的猪肉切成末。一手搅肉，一手往里撒上盐、辣椒等佐料，还时不时哼个小曲，和我说说闲话。

阳光照在爷爷的头上，照在他的满头银丝上，闪起点点光斑。我看见，爷爷脸上的皱纹，像一朵花一样绽放在阳光下，开的是那样的热烈，散发着一股怜惜和疼爱的香，萦绕在我的鼻尖。看着他苍老的、佝偻的身躯，粗糙的手卖力地拎起刀的背影，我不禁鼻尖一酸，有些难过。

不一会儿，传来油在锅里炸开的声音。一股香味便顺着风直驱入我的鼻子。那是一股独特的香，让我不管身在何处都忘记不了的一种香。

后来我走了，离开的那天，爷爷也为我做了藕夹。可是他的背影竟显得那样苍老，那样模糊，仿佛一不小心，就消散在浓厚的炊烟之中。

我回味着那一段时光，回味着独特的藕夹的香，回味着爷爷的皱纹在阳光下的绽放，回味着他的背影在油烟中渐行渐远……

而每一次想起那藕夹，都让我心生悔恨，心生思念，对爷爷的思念，对藕夹的香味的思念，对故乡的思念。

第二格：升格作文训练——借物传情言心声

【教学目标】

1.知识与能力：学会在写作中把"物"写活，更好地借物传情。

2. 过程与方法：升格作文，感受"物"的描写。

3. 情感态度和价值观：让学生养成观察的习惯，留心生活。

【教学过程】

（一）评选最佳选物奖

老师结合学生作文选物情况进行点评：

1. 最富情感选物奖

想起那缝纫机、想起那鸡蛋羹、想起那温暖的毛衣、想起那外公的摇椅

2. 最朴实无华选物奖

想起那盏灯、想起那三角板、想起那自行车、想起那跑步鞋、想起那朵花儿

3. 最具创意选物奖

想起那玉米山、想起那条向阳路

4. 最具匠心选物奖

想起那抹微笑、想起那琴声、想起那响亮的口哨声

（二）加深对"物"的理解："物"泛化

教师点拨："物"不仅包括具体事物，还包括抽象事物，我们对"物"的界定不要过于狭隘。

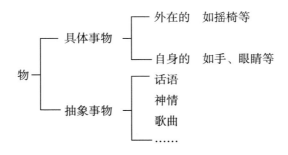

（三）作文片段朗读

1.《想起那藕夹》（全文）。

2.《想起那外公的摇椅》（片段）。

午后的阳光太过毒辣，地面都是烫的，我不愿出门，便抢着坐在摇椅上，听外公外婆唠家常。渐渐地，我的上下眼皮越来越重，终是抵不过倦意睡着了。只觉得耳边的说话声越来越轻，又好像有谁在给我轻轻摇着摇椅，只觉那"嘎吱嘎吱"声越来越远。醒来已是多时以后，身上盖着薄毯子。外公在屋内趴在桌子上睡着了。我正想去叫醒他，却被外婆拦住"你外公刚刚给你摇摇椅，刚睡呢！"我淡淡应了一声，心里却感动不已……

3.《想起那鸡蛋羹》（片段）

那碗鸡蛋羹的味道，在我的记忆里好像已经很远很远了。只记得每天外公蒸好蛋羹后，会小心翼翼地亲手一口一口地喂我吃。舌尖上，有勺子的冰冷、蛋羹的温热，还有一丝咸味儿。

他走的时候，我在公交车上接到的电话，打着的赶回医院。到的时候，已经来不及。我终是此生再也吃不到满意的蛋羹。想起那碗鸡蛋羹，想起我的外公，顷刻，泪水晕开了油墨。

教师点评：所写之"物"不够动情。

（四）"物"的升格

1.从细处着眼，细致描写

教师点拨：应关注修辞手法、修饰语。

2.调动各方面感官，生动描写

教师点拨：可从视觉、听觉、嗅觉、触觉等角度入手。

3.紧扣典型事件，传神描写

教师点拨：应注意人物的言行举止，抓住细节，详细勾勒。

（五）阅读范文，学习修改

1.学习优秀文章，理解如何升格"物"

奶奶的蒲扇

一株古老的槐树，有着长满皱纹的树枝，却依旧生机勃勃。

树下，一位满头银发的老人，笑盈盈地望着村口，这使她脸上的皱纹全藏进了那甜蜜的笑容，是的，她看起来漂亮极了。更妙的是，她拥有一把蒲扇。虽然那泛着土黄的颜色使人很容易想到枯叶飘飞的秋天，但在她手中，在她的笑容里，蒲扇就显得年轻多了。她轻轻地握着扇柄，微微摇动。她动作极慢，但我觉得很潇洒，那不断流露出的惬意，让人羡慕极了。

"奶奶！"我飞快地跑进她的怀抱，跑进了那蒲扇。奶奶依旧微微摇着扇子，但似乎比原来用力些，一阵阵微凉的风吹过，我能闻到一股股清香，不知是蒲扇的香还是奶奶在田间劳作带回的清香，总之，我很喜欢。于是，我也露出了惬意的笑容。我想象着，在一株古老而茂盛的槐树下，有两个笑容甜蜜而惬意地绽放，那是何等的美丽。

不知不觉，炊烟徐徐升起，夕阳透着红的光芒，静静地笼罩着大地。蒲扇还在微微摇动，渐渐停了下来，"该做饭了。"奶奶微笑着说。她起身，缓缓地拎起板凳，朝家走去。跟在奶奶后面，望着奶奶迈着轻松的步子，身体有些摇晃，却依然轻轻地摇着那蒲扇，夕阳中，她真的就像一位下凡的神仙，对，是快乐神……

转眼间，吃过晚饭，天空已变得深蓝深蓝。星星一个个眨起眼睛，月色渐渐透过淡淡的云洒了下来，月色中，有我与奶奶无限的快乐。

我静静地依偎在奶奶身旁，听她讲那些在我看来很浪漫的故事。当然，此时更少不了那把蒲扇，伴着蒲扇的微风，我朦朦胧胧地走进那个故事，走进一个浪漫的梦。我在梦中，依然能听到四周虫子的歌唱，依然能感到月

光洒在身上，依然有那把蒲扇清凉的风与阵阵清香……"奶奶，为什么在梦中，您也给我扇扇子，难道您不累吗？""守着你，我怎么会累呢？"我一下从梦中醒来，紧紧地抱住奶奶，那把蒲扇，正夹在我们中间。

我曾这样无数次地在奶奶蒲扇的清风中睡去，曾无数次问奶奶同样的问题，曾无数次抱住奶奶，抱住蒲扇。

如今，奶奶的皱纹更多了，可她笑着说："我就要到天上去……""去当神仙！"奶奶更乐了，我又看到了那美丽的笑容。我轻轻地摇着扇子，奶奶像我小时候一样，幸福地看着我。

每当我望着蒲扇，总会想起奶奶。蒲扇虽然会越来越旧，甚至有些破，但蒲扇是合不上的，尤其是奶奶的蒲扇。正如奶奶涌向我的爱，永不停止……

我喜欢这蒲扇，它扇走了奶奶的忧愁，扇来了奶奶的快乐与爱的清香……

学生阅读后，老师可从画线加粗句子入手，引导学生进一步理解如何把"物"写活。

要把物写活，必须做到：

（1）从细处着眼，细致描写。

（2）调动各方面感官，生动描写。

（3）紧扣典型事件，传神描写。

2.综合以上三种方法，对以下片段进行修改

爷爷以前是个会计，天天在屋子里利落地打着算盘。当时村子很小，周围的邻居常常请爷爷帮忙。每次爷爷打算盘，爷爷总会把我打发走。爷爷认真专注、一丝不苟的样子深深地留在我的脑海里。

（六）修改上次作文

想起那藕夹

李 阳

傍晚，一抹暮色照在大地上，马路上的灯闪着温暖的光晕，提醒着劳累一天的人们夜晚的降临。远处，炊烟袅袅升起，空气中弥漫着菜籽油的香味，混着一股稻花的香甜，萦绕在我的心头，我回味着这股香，想起了那藕夹。

"吱啦"一声，油在锅里炸开，散发着甜腻。我猫着腰，小心翼翼地从房间走向后屋，来到厨房门口，是爷爷在做藕夹。昏黄的灯光照在他满头银丝上，折射出点点星光。烟雾缭绕，爷爷的背影显得有些模糊，又有些苍老。爷爷麻利地用筷子夹起一块块炸好的藕夹，盛放在干净光亮的白瓷盘里，又麻利地从灶台上打开一些瓶瓶罐罐，将里面佐料撒在金黄的藕夹上。浓郁的香味顺着晚风传来，直驱入我的鼻尖，我的心头。我仿佛看见，辣椒在阳光下炸裂，露水在荷叶上肆意地翻滚，片片莲花舒展着花瓣，空气里浸着夜的香甜。

"呼啦"一声，柴火熄灭，爷爷转过身，满是皱纹的脸在昏暗的灯光下显得有些苍老。他脸上的皱纹，像一朵花，绽放在夜色之中，绽放的是那样的热烈，散发着一股怜惜和疼爱的香，牵扯着我的心弦。看着爷爷苍老、佝偻的身躯，端着藕夹向我走来，我的鼻尖有点酸，视野有点模糊。

藕夹被端到桌上，我用细筷夹起，轻轻咬了一口。清脆的藕夹混着肉和鸡蛋的厚重香甜，包裹着我的整个舌尖。口里含着这股香甜，仿佛有朵朵莲花在唇齿间绽放。我小心地、细致地品尝着藕夹，感受着藕夹清新在口腔里蔓延。

我的动作很慢，爷爷的动作也很慢，时光仿佛这一刻被定格，就像相机

被按下快门一样，这个画面被定格。一切就像一首老歌，无数来自过往岁月的记忆碎片纷纷飞扬起来，在夜色的恬静里闪着温暖的光。是爷爷在炊烟忙碌的背影，是爷爷在阳光下切藕的清脆响声，是在火车站前说"丫头，好好学习，爷爷回来给你做藕夹"时故作轻松的不舍，是夜色下爷爷的皱纹和藕的清香融为一体，我这辈子都不可能忘记的歌。

无数的碎片在恍然中缓缓拼合，将片刻凝成夜色一般轻柔的色彩，随着时光的流逝和年龄的增长，渐渐成为我心底永恒的回味。

第三格：创格作文训练——中考实战超链接

【链接题目】

作文题目一：

时代的变迁和科技的发展，使空间不再遥远，使等待不再漫长，使信息不再匮乏——于是微信取代了书信，相见取代了怀念，百度取代了字典……当全新的生活形态一反既往，你是否还记得怀念的感觉？天地万物，人情事理，有哪些值得你去怀念？

请以"我怀念的_____"为题，在横线上填写合适的词语，将题目补充完整，然后作文。文章不少于600字，不超过900字。

作文题目二：

一年又一年，春草绿了；一年又一年，春花红了。一年又一年的南风吹拂，牙牙学语的孩童变成了青春勃发的少男少女。亲爱的同学，在你成长的过程中，有亲情友情的滋润，有成功快乐的伴随，也有烦恼挫折的干扰……请用你手中的笔，记下生活中的点点滴滴，让它成为你记忆中永不褪色的珍藏。

　　请以"想起了_____"为题，在横线上填写合适的词语，将题目补充完整，然后作文。文章不少于600字，不超过900字。

【移花接木，创造精彩】

我怀念的桃花酿

黄湘凝

　　抿一口曾与您一道品过的桃花酿，辗转间才知觉，似曾经，却又早已不知在何时悄然变了味儿；飘飘零零后，您耳郭后那一缕银发，是我心中那一份沉重念想。

——题记

　　是春，空气中氤氲着轻甜的桃花香，重回故地，思绪在转瞬间迁徙到许久未忆起的儿时。

　　儿时的四月，没有江南四月那么弱不禁风，好似稍作拍打便回到破碎的梦境；却又不带朔北四月的凛冽，叫人触着生疼。清晨的朝阳将祖母从睡梦中唤醒，似梦非梦间，看见祖母待自己穿戴规整后便转身将床头的红袄子给我扯上。"囡囡，起床喽。"记忆里的祖母常这样唤我，总这般温柔。"今个儿，花开了罢！"祖母轻声呢喃。我闻见花香，从床上蹦跶起身，扯着祖母去院里，"慢些跑，这花儿总不能跑到别家院里去罢！"祖母笑弯了眼，倒也着实好看。前一夜里下了些细雨，空气中夹杂着泥尘的芳草味儿和淡淡的桃香。刚开的桃苞还不怎么粉，一眼望去，倒更偏白，恰似初长成的少

女，却也难掩稚气。

又过了些时日，渐入晚春，桃花早已开的烂漫，许是不舍，飘飘零零间，还被那倩女的纤手轻托着。祖母从里屋抱出两只陶罐，我便知这是祖母要做桃花酿了。从桃树干上蹦跶下来，转身拿起一篓竹筐，帮祖母一齐拾取那一地粉装。那日无云，祖母眼角带笑，艳阳轻洒在她耳郭后的银发上，熠熠生辉，胜过了那一整春的桃花。

而后，还未待这春过完，我便同父亲一道去了城里。临走那日，祖母絮叨着。老人家满是不舍，却又叮咛我日后要争气。

又抿一口桃花酿，唇齿间残留着桃瓣儿的甜却又涌着一股涩。母亲唤我去里屋坐，抬眸间，又见那一袭粉装，拂手拭去眼角的泪，好似祖母仍在树下将桃瓣片片洗净，装罐。我知道，是念想，却又想，您还在。

在纷纷扰扰的桃花间，我手捧一杯桃花酿，便一深一浅地走下去。

主题十 抓住特点写人物

——人物描写法

蔡朝霞名师工作室成员 张玉辉

第一格：入格作文训练——调动感官写特点

【教学目标】

1.知识与能力：通过细致观察、比较，抓住人物特点。

2.过程与方法：引导学生从外貌、语言、动作、心理等方面描绘人物，通过不同描写方法的运用，刻画人物的独特形象。

3.情感态度与价值观：培养学生在日常生活中善于观察、善于发现、善于积累的良好习惯。

【教学重难点】

1. 引导学生抓住人物最主要的特点，从外貌、语言、动作、心理等方面描绘人物，通过不同描写方法的运用，刻画人物的独特形象。

2. 创设情境，培养学生在日常生活中善于观察、善于发现的好习惯。

【教学过程】

（一）引入经典人物形象，启迪思想

1. 出示鲁迅、毛泽东头像框架，猜猜是哪位人物。

目的：发现人物特征。

2. 出示京剧脸谱，根据脸谱猜人物性格。

目的：不同的脸谱形象表现的是不同的人物性格。

（二）技法点拨：调动各种感觉器官（看、听、感、想、做）

1. 观察方法

PPT出示：全面观察：看——外貌、神情

听——语言、语气

感——心理、感受

想——联想

做——动作

PPT出示：观察的目的：多角度感受人物性格、品质。

2. 观察过程中、观察后思维活动

PPT展示：

描述：人物的五官、衣着、动作、神情、态度、处事风格……

比较：多次观察后，人物各方面是否有变化？你对待人物的态度是怎样的？

联想：人物的行为举止使你想到了什么？你觉得人物会有怎样的心理？

分析：人物身上蕴含着怎样的能量？有什么品质？对你是怎样一种情感？你对人物又是一种怎样的情感？

感悟：从人物身上你收获了什么？感受到什么？

评论：对这一人物做出褒奖性评价。

3. 描写方法点拨

（1）肖像描写要点：抓住人物典型的外在特点，反映其个性。

（2）动作描写要点：要注意写出人物动作的生动性，努力写出细节，反映人物特点。

（3）语言描写要点：a.人物语言的描写要符合人物的年龄、经历、身份、文化教养等特点；b.语言须简洁，能反映人物的特征。

（4）心理描写要点：a.心理描写要符合具体的情境；b.要写出人物细微的感情和心理变化过程，反映出人物感受、特点。

（三）情境创设用心观察

1. 播放家长们提前拍摄的相关活动视频，学生通过观看视频，回忆与父母相处的点滴细节，列出让自己印象深刻的事件。

2. 回忆细节，畅谈感受

学生发言：选择家庭成员中的一员，来谈谈你的印象（长辈）。

教师总结：教师根据学生的回答在黑板上画思维导图，梳理出运用各种思维策略观察的结果。

学生构思：学生列出写作提纲（思维导图）。

（四）布置作业

写自己的亲人，爷爷奶奶、外公外婆、父亲或者母亲。

要求：

（1）注意合理运用人物描写方法。

（2）题目自拟，字数不少于600字。

我的父亲

李键佳

我的父亲戴着一副方方正正，又旧的眼镜，脸上有一块老年斑纹。

在家里，他是个吃剩菜的角色，每到吃饭的时候，父亲就一个人端着像他一样老旧，满是花纹的铁碗，佝偻着脊背，蹲在阳台边，吃着碗里的剩菜。

每天，父亲都忙着工作，很晚才会回来。但他回来时，脸上一定是带着笑的，并会用一种轻松的语气问我："作业写完没？时间不早啦，怎么还没写完呢！"我懒得理他，并没有回答他。他只好洗了手，去厨房端饭。不多时，他就端着那个铁碗和我们中午吃剩下的菜，来到桌子旁，然后将剩菜利索地倒进铁碗，又用筷子夹住剩鱼，轻轻一拨，鱼肉便滑进他的碗里。随后他便端着高山一般的剩菜走向阳台，找了个空地，蹲下，吃着剩菜。望着在那默默吃饭的父亲，此时我觉得父亲已经老了。

渐渐的，因为吃了太多的剩菜，加上工作劳累，他的肚子越来越肥，身体也不硬朗了，蹲下时动作已经变得缓慢。看着阳台上的父亲，我心中一阵酸痛。

一次，当我看见他的剩菜时，不由得吃了一惊，那些肉颜色已经发暗了，菜里面的油是浑浊的，黄白色的，凝固在一起。我失声喊了起来："爸，你怎么……"父亲笑道："傻孩子，粮食不能浪费，快去写作业吧。"望着父亲憨憨的笑脸，我沉默不语。

之后，我也去尝了一口剩菜的味道，肉咬起来又硬又干，犹如一个纸团塞在喉咙。咸中又带着苦味，混杂着发黄的陈菜叶的干涩味。那味道真不

132

好受，我胃里一阵翻江倒海，然后，赶忙吐掉了。再想起我吃的青绿的菜心，满口留香的新鲜猪肉，我真不知道父亲是怎样忍过来的。这几年，我一直忽略了我的父亲，他保障了我的衣食住行，为我的生活着想，却忘了自己的处境。

我下定决心，一定要让父亲吃上新鲜的肉菜，每次，我不停地吃菜，终于，有一天，菜全部吃完了。到了晚上，父亲看到不是剩菜，惊奇地叫了起来："啊，今天怎么这么特殊呀，没有剩菜吗？"看着他"O"形的嘴巴，惊愕的眼睛，笑道："今天没有剩菜了，赶紧吃吧。"他立即埋头吃了起来，那个铁碗被筷子敲得发出"叮当"的声音。看着父亲满足的吃相，我欣慰地笑了。

客厅上的灯光照在父亲那副没有光泽的眼镜上，却折射出了爱的光辉。

第二格：升格作文训练——借物抒情，给情感一个依托

【教学目标】

1. 知识与能力：在写人作文中捕捉与人物密切相关的"物"，以寄托情感。

2. 过程与方法：升格作文，学会借物抒情。

3. 情感态度和价值观：培养学生在日常生活中善于观察、善于发现、善于积累的良好习惯。

【教学重难点】

发现原作的问题并能够修改，同时运用借物抒情的方法，让原作中的人物更丰满，情感更真实。

【教学过程】

（一）"寻病因"——找出不足

1. 教师活动：入格作文评析

2. 屏显：主要问题：

（1）缺乏生动的描写。全文都在概述人物所做的事情，没有就表现主题之处进行深入描写。

（2）详略不当。写多件事时候没能把握好详略，文章结构失衡。

（3）抒情空洞。对人物的情感抒发不自然、不生动。

3. 学生活动：根据屏显内容，修改自己作文中的不足之处。

（二）"看医生"——学习范文

1. 教师活动：下发印好的学生范文：周灵杉《奶奶和藤椅》、孙楚《挑扁担的外婆》。明确任务：阅读范文，找出文章精彩之处以及可借鉴之处。

2. 学生活动：阅读范文，并做好笔记。

3. 技法点拨：师生交流，板书技法：

巧妙引入与人物相关的"物"，可做行文线索，也是文章的情感依托；文章有明确的内容，素材才更集中和突出。

（三）"巧入药"——修改原作

给原文厘清思路，设置行文线索，增加情感载体。

我的父亲

李键佳

我的父亲戴着一副方方正正，有点发旧的眼镜，脸上有一块褐色的老年斑纹。

在家里，父亲是个吃剩菜的角色，每到吃饭的时候，他就一个人端着像他一样老旧，满是花纹的铁碗，佝偻着脊背，蹲在阳台边，吃着碗里的剩菜。

每天，父亲都忙着工作，很晚才会回来。但他回来时，脸上一定是带着笑的，并会用一种轻松的语气问我："作业写完没？时间不早啦，怎么还没写完呢！"我懒得理，并没有回答他。他只好洗了手，去厨房端饭。不多时，他就端着那个铁碗和我们中午吃剩下的菜，来到桌子旁，然后将剩菜利索地倒进铁碗，又用筷子夹住剩鱼，轻轻一拨，鱼肉便滑进他的碗里。随后他便端着高山一般的剩菜走向阳台，找了个空地，蹲下，吃着剩菜。秋风吹过他那副方正，老旧的眼镜，掀起他那花白的头发，我看到了那块深褐色的老年斑，此时才发觉，父亲已经老了。

渐渐的，因为吃了太多的剩菜，加上工作劳累，他的肚子越来越肥，身体也不硬朗了，蹲下时动作已经变得缓慢。看着阳台上戴着眼镜、端着旧饭碗的父亲，我心中一阵酸痛。

一次，当我看见他的剩菜时，不由得吃了一惊，那些肉颜色已经发暗了，菜里面的油是浑浊的，黄白色的，凝固在一起。我失声喊了起来："爸，你怎么……"父亲笑道："傻孩子，粮食不能浪费，快去写作业吧。"望着他那块深褐色的老年斑，那副有些老旧的眼镜，我沉默不语。

之后，我又去尝了一口剩菜的味道，肉咬起来又硬又干，犹如一个纸团塞在喉咙。咸中又带着苦味，混杂着发黄的陈菜叶的干涩味。那味道真不好受，五味杂陈，我胃里一阵翻江倒海，然后，赶忙吐掉了。再想起我吃的青绿的菜心，满口留香的新鲜猪肉，我真不知道他是怎样忍过来的。这几年，我一直忽略了我的父亲，他保障了我的衣食住行，为我的生活着想，却忘了自己的处境。

我下定决心，一定要让父亲吃上新鲜的肉菜，每次，我不停地吃菜，终于，有一天，菜全部吃完了。到了晚上，父亲看到不是剩菜，惊奇地叫了起来："啊，今天怎么这么特殊呀，没有剩菜吗？"看着他"O"形的嘴巴，惊愕的眼睛，笑道："今天没有剩菜了，赶紧吃吧。"他立即埋头吃了起来，那个铁碗被筷子敲得发出"叮当"的声音。看着父亲，看着他那副老旧、方正的眼镜，看着那块老年斑，我欣慰地笑了。

客厅上的灯光照在父亲那副没有光泽的眼镜上，却折射出了父亲对我、对我们这个家的爱。

第三格：创格作文训练——链接中考，提升变通能力

【真题再现】

（2017年 深圳）我国茅盾文学奖获得者陈忠实曾道出了他的创作的"动力源"：看到比他小七岁的路遥接连发表《人生》《平凡的世界》等作品，一步一步达到个人文学事业的巅峰，他受到激励，下定决心要奋斗和超越，

于是写出了长篇小说《白鹿原》。同学们，成长路上，你也一定有你的"动力源"。

请以"我的动力源"为标题，写一篇文章。

【一材多用，创作中考作文】

将本次作文素材合理运用到中考作文题的写作中。

技法点拨：注重点题句的运用，合理取舍原文素材，并能巧妙转化点题句。

我的动力源

李键佳

我的父亲戴着一副方方正正，有点发旧的眼镜，脸上还有一块褐色的老年斑纹，就是这样普通的父亲，却是我生活和学习上的动力源。

在家里，父亲是个吃剩菜的角色，每到吃饭的时候，他就一个人端着像他一样老旧，满是花纹的铁碗，佝偻着脊背，蹲在阳台边，吃着碗里的剩菜。

每天，父亲都忙着工作，很晚才会回来。但他回来时，脸上一定是带着笑的，并会用一种轻松的语气问我："作业写完没？时间不早啦，怎么还没写完呢！"我懒得理，并没有回答他。他只好洗了手，去厨房端饭。不多时，他就端着那个铁碗和我们中午吃剩下的菜，来到桌子旁，然后将剩菜利索地倒进铁碗，又用筷子夹住剩鱼，轻轻一拨，鱼肉便滑进他的碗里。随后他便端着高山一般的剩菜走向阳台，找了个空地，蹲下，吃着剩菜。秋风吹过他那副方正，老旧的眼镜，掀起他那花白的头发，我看到了那块深褐色的老年斑，此时才发觉，父亲已经老了。

  渐渐的，因为吃了太多的剩菜，加上工作劳累，他的肚子越来越肥，身体也不硬朗了，蹲下时动作已经变得缓慢。看着阳台上戴着眼镜、端着旧饭碗的父亲，我心中一阵酸痛。

  一次，当我看见父亲的剩菜里的肉颜色已经发暗了，菜里面的油是黄白色的，凝固在一起。我本不想让他吃，可父亲笑道："傻孩子，剩菜也能吃的。只要你健康长大，爸爸吃什么都觉得香。"望着父亲那块深褐色的老年斑，那副有些老旧的眼镜，我的内心涌起一股力量……

  之后，我又去尝了一口剩菜的味道，肉咬起来又硬又干，犹如一个纸团塞在喉咙。咸中又带着苦味，混杂着发黄的陈菜叶的干涩味。那味道真不好受，五味杂陈，我胃里一阵翻江倒海……再想起我吃的青绿的菜心，满口留香的新鲜猪肉，我真不知道他是怎样忍过来的。这几年，我一直忽略了我的父亲，他保障了我的衣食住行，为我的生活着想，却忘了自己的处境。父亲为了我们的生活更好，他努力工作，甘心吃着剩菜。我作为家里的一分子，也一定要行动起来，努力回报父亲的爱。

  从此，无论我在生活中或是学习上遇到怎样的困难，我都会不急不躁，沉着应对。每每想到父亲蹲在阳台上吃剩菜的身影，我的内心都会有着无穷的动力，我知道，我长大了，我要像父亲一样，为了这个家的幸福，做好我应该做的事情。

  我的父亲，我的动力源，我将一直勇敢地去面对生活。

主题十一　结构新颖巧创意

——小标题结构法

蔡朝霞名师工作室成员，龙岗区可园学校　季亚娟

第一格：入格作文训练——授之以渔显条理

【教学目标】

1. 知识与能力：理解什么是小标题结构法，学会常见的拟写小标题的方法，把作文写得条理清晰，结构严密。

2. 过程与方法：通过佳作范例，认识小标题；通过小标题拟写方法指导，使学生会进行拟写小标题；培养学生共同研讨合作的能力。

3. 情感态度与价值观：培养学生热爱作文，热爱写作的情怀。

【教学重难点】

1. 知识与能力：理解什么是小标题结构法，学会常见的拟写小标题的方法，把作文写得条理清晰，结构严密。

2. 过程与方法：通过佳作范例，认识小标题；通过小标题拟写方法指导，使学生会进行拟写小标题；培养学生共同研讨合作的能力。

【教学方法】

范例法、归纳法、小组合作交流法、练习法。

【教学过程】

（一）观察表格，导入课题

1. 幻灯片展示：

作文分项分等级评分标准如下（写作，共40分）：

分数等级	主题思想	写作内容	篇章结构	语言表达
一等	立意深刻 中心明确	材料典型 内容充实	结构严谨 条理分明	生动形象 真实感人
二等	中心明确	选材得当 内容具体	结构合理 条理比较分明	通顺流畅 感情真实
三等	中心基本明确	材料一般 内容欠具体	结构比较完整 条理欠清晰	有语病 缺乏感情
四等	中心不明确	选材不当 空洞无物	结构有残缺 条理比较乱	语病比较多 没有真情实感

2. 提出问题：同学们，请仔细观察表格中分数等级和篇章结构两列，告诉老师，你发现了什么？

学生观察、思考、总结。

3. 教师明确：作文的条理越分明，作文的分数等级就越高。因此，要想作文分数高，获得一等分，必须做到条理分明。那么，接下来老师就授之以渔，送给大家一个神奇的法宝，可以使得我们的作文实现有条理，这就是小标题结构法。

（二）学习"小标题结构法"的定义

1. 范文引路，PPT展示《自然之音》：

学生观察范文、思考、总结。

2. 教师明确：小标题结构就是在一个总题目的统领下，开头由一个小段引出下文，中间部分围绕话题划分为三四个相对独立的片段，分别冠以一个简洁、恰当的小标题。结尾再用一小段进行总结呼应。

（三）学习在写作中拟好小标题的原则

1. 学生交流：拟好小标题要做到哪些要求？

2. 教师明确：

（1）小标题必须提纲挈领、言简意赅。

（2）小标题的拟定应有一个统一的标准，如时间、地点、人物、事件等。

（3）小标题要尽量新颖、富有文采、格式整齐。

（四）拟小标题最常见的方法

PPT逐个方法展示：学生思考、发现、总结，归纳。

提出问题：同学们，观察这些小标题，都是按照什么标准来拟的呢？

教师相机点播：由此可见，这些小标题是用了……方法来拟的。

教师相机明确：运用小标题的妙处：

（1）结构新颖巧妙；

（2）衔接自然流畅；

（3）内容丰富清新；

（4）主旨深刻突出；

（5）行文条理分明。

1. 时间串联法

《师生情》"晨练""午睡""夜自习"；

《我从生活那里学到的……》"百花争艳——春""绿草如茵——夏""果实累累——秋""银装素裹——冬"。

2. 镜头组接法

《秋》"蔚蓝的天空""高飞的小鸟""金黄的树叶"。

3. 颜色串联法

《眼中的世界》"橘红""新绿""雪白""水蓝"。

《心情也有颜色》"心情像场大雾——白蒙蒙的""心情像段丝绸——红艳艳的""心情像块抹布——灰扑扑的"。

4. 味道串联法

《品味初三》"酸""甜""苦""辣"。

《校园三味》"淡淡的乡愁""涩涩的彷徨""甜甜的温馨"。

5. 古诗语句串联法

《水祭》"清明时节雨纷纷，路上行人欲断魂。借问酒家何处有？_____牧童遥指杏花村。"

引用一首古诗文中的语句作为小标题。

《四季圆舞曲》"万紫千红总是春""映日荷花别样红""霜叶红于二月花""千树万树梨花开"。

引用不同古诗文中的语句作为小标题。

（五）布置作业

思考下列这几道作文题目如何拟小标题，认真审题，并选择其中的一个题目，运用小标题结构法，写一篇作文，不少于600字。

《校园写真》

《自然》

《品味初中滋味》

《瞧，这一家子》

《我》

《小学生活剪影》

《我们在花季》

 例文

多彩的我

周　岩

每个人都有自己的性格，而我的性格像一个万花筒，能绽放出各种颜色，我是一个五彩缤纷的人。但我更钟爱红色的我，蓝色的我，青色的我。

红色的我

红色的我是热情的。红色代表太阳，而我就像太阳一样是一个自热发光体，能源源不断地涌出正能量的光。就拿有一次来说吧，有一位同学在跑步的时候不小心摔了一跤，手和脚都流出了鲜红的血，膝盖也被划破了一层皮，露出了肉，我急忙扶那位同学去校医室，小心翼翼地挽扶着她，生怕她跌着。那位同学望着我，问我为什么要帮助她，我说："帮助别人会让自己也很开心，你下次不要再摔跤了，小心点。"最终，那位同学的伤终于好了，我也欣喜万分。其他同学问："你又没受伤，她好了你那么高兴干

吗？"我说："谁叫我热情呢！"

这就是红色的我。

蓝色的我

蓝色的我是纯洁的。蓝色的我犹如星辰大海般纯洁；又如碧波湖水般晶莹纯澈；亦如浩蓝长空般洁净。我在校园里从不说脏话，尊敬师长，友爱同学，从来不与同学争吵，因为退一步海阔天空。永远像天空一样宁静，蓝色的我，是一个全身散发着纯洁品质的我，身正不怕影子斜，蓝色的我是一个纯洁的女孩儿！

青色的我

青色的我是稳重的。的确，我做任何事都比较稳，遇到急事不容易发火，比如说，我给同学讲题时如果同学不懂，我会耐心地给她讲解，直到讲到她懂为止。如果有同学故意气我，我不会一急躁就发火，而是冷静从容地解决所有问题，从不会因为着急而失了主意，因为着急生气是解决不了任何问题的。不管遇到什么大事都不会紧张，都会冷静思考，从容淡定地把事情做好。这就是青色的我。

这就是多彩的我，这三种颜色代表着我不同的性格，万花筒似的性格会伴随着我，一起成长出更亮丽的人格颜色！

第二格：升格作文训练——灵活运用巧创意

【教学目标】

1. 知识与能力：学会运用修辞、一题多法和扩大选材来拟小标题。

2. 过程与方法：升格作文，通过多种方法培养学生小标题创意表达的能力。

3. 情感态度和价值观：培养学生热爱作文，热爱写作的情怀。

【教学过程】

（一）评选最佳小标题

老师结合学生完成的作文的标题情况进行点评：

1. 最具情感美的小标题

总题目：我的小幸福

小标题：怜爱着它　照顾着它　离别的它

2. 最具画面感的小标题

总题目：自然　小标题：空山新雨　湖面晨雾　院中寒梅　林中萤火

3. 最具创意美的小标题

总题目：多彩的我　小标题：红色的我　蓝色的我　青色的我

4. 最具生活美的小标题

总题目：品味小学滋味　小标题：柠檬酸　糖果甜　苦瓜苦　辣椒辣

（二）授之以渔，升格作文的小标题

方法一：巧用修辞，润色提升

1. 运用叠词拟小标题

如：

总题目：品味小学滋味

小标题：酸溜溜 甜蜜蜜 苦涩涩 火辣辣

总题目：自然

小标题：红彤彤 水蓝蓝 粉嫩嫩

教师点拨：叠词的运用，使得小标题读来朗朗上口，具有韵律美，而且表现力进一步增强。

2. 运用引用拟小标题

如：

总题目：四季圆舞曲

小标题：百般红紫斗芳菲　小荷才露尖尖角　湖光秋月两相和　瀚海阑干百丈冰

教师点拨：古诗的运用使得小标题文采斐然，具有古典美"如诗如画"。

3. 运用比喻拟小标题

如：

总题目：瞧，这一家子！

小标题：啰唆唐三藏　百变孙悟空　爱吃猪八戒　老实沙和尚

教师点拨：比喻的运用使得写作对象特点更加突出，生动形象。

方法二：一题多法，灵活变通

如：

总题目：我

小标题：

（1）味道串联法

火辣辣的我　苦涩涩的我　甜蜜蜜的我

（2）颜色串联法

火红的我 冰蓝的我 粉嫩的我

（3）时间串联法

晨曦中的我 夕阳下的我　月光下的我

教师点拨：通过一个总标题，运用多个方法拟小标题的思维训练，学生能够在真正意义上实现结构创新巧构思，灵活变通，创意表达。

方法三：联系生活，扩大选材

如：

总题目：家人

小标题：勤恳老牛——爸爸　河东狮吼——妈妈　调皮小猴——妹妹

总题目：我们在花季

小标题：春—桃香满园　夏—池心小莲　秋—菊花悠然　冬—雪中红梅

总题目：《故乡的符号》

小标题：荷塘月色 农家小院 森林小路

总题目：《有书香，真好》

小标题：童话岛 古诗香 文墨画

教师点拨：通过联系生活，扩大小标题的选材范围，使得动物、植物、风景、文学作品等大千世界的万物，都成为小标题的选材，做到了作文选材的陌生化。

（三）学以致用

自选总题目，然后拟出小标题，并运用本节课所讲的三个方法，对拟好的小标题进行升格。最后，运用升格后的小标题结构写一篇大作文，600字以上。

别担心，我可以

吴启帆

走过记忆长廊，回看过往，双手轻触着那记忆的气泡，气泡在指尖破裂，一句温暖的话语回响在耳畔——别担心，我可以。

枫叶　长笛　古道

枫叶飘落，在空中打着转，左摇右摇，飘落在笛尖，我望向你，你像满腹经纶的诗人，又像深不可测的侠客。你与我第一次相遇便是这样的场景，当初我偶然看见了你在吹长笛，你的姿态是多么优美，长笛声音清亮悠远，洗尽尘俗，曲调如松涛阵阵，入耳不由心神一静。于是我在心头萌生出想学长笛的念头。就这样，我开始了我的学笛之路。

古柏　长笛　操场

刚开始学笛子，我就发现自己似乎只是一时兴起，对笛子根本不了解。别人吹出的是好听的曲子，而我却怎么也发不出完整的音符，只能是十分嘈杂的，我开始有些气馁，你却在旁边对我说："不用太担心，每个人的乐感、理解的能力都不一样，只要肯练肯学就一定会成功吹出优美的曲子，别担心，你可以！"

渐渐的，我经过日复一日的练习后有了很大的提升，能吹一些小曲小调了，刺耳的音符也越来越少了。

垂柳　长笛　长廊

如今学笛子的记忆已淡忘，但你曾经对我说的那句："别担心，你可以"让我铭记于心，无论困惑、烦恼，我始终相信我一定能渡过难关。

语文默写时我总是不能在小组领先，每次吟诵直至深夜，当我怀疑自己的记忆力不行，想要放弃时，那悠扬的笛声响起，我仿佛有了神助，别担心，我可以。体训又在考验我的耐力，已经数不清我跑了多少圈，只是汗流浃背、气喘吁吁。可以坚持吗？我真想停步。那悠扬的笛声又想起来，抚平了我的焦躁和疲惫，我可以的，冲向胜利的终点。

走出长廊，垂柳依依。我知道自己终将前行，一路上荆棘遍布。有长笛在手，我多了一份自信和坚定。面对未来，我心中默念："别担心，我可以。"

我们在花季

符芳瑜

我们在花季，这些花儿深深影响着我们。它们不仅有华丽的外表，也有值得我们去学习的精神。

春——桃香满园

春天可谓是百花争艳呐！我想去踏春赏花，但我只留意到小山坡上那一抹粉红，放眼望去，眼里只有一片一片的嫩粉。走近一瞧，这花也是那么美。花瓣颜色并非单一，外沿微白，再是从嫩粉到品红的渐变，瓣上还有些浅红的小点。花瓣叠在一起，好似那舞娘的裙摆。单看一瓣，也是极美的。把鼻子抵在花朵上，轻轻嗅一嗅，一股清甜淡雅的香气扑鼻而来。甜甜的、淡淡的，我好像把春天吸进了鼻腔。我总算知道为什么叫"世外桃源"了，它美得像是仙界才能看到的花儿，它用美貌和香味完美诠释了什么是春天。它能够让人在众多花朵中一眼就看见它，成为春天的代名词。它让我明白了，在千万人之中要做到脱颖而出，成为那个最耀眼的人。

夏——池中小莲

最后一滴春雨点在花尖上，把这"睡美人"吻醒了。我来到公园，继续寻找着属于夏天的花朵。池中铺满了"绿地毯"，在这之上，浮着几朵莲花。我双手将花朵轻轻捧起，仔细端详着它。它的花瓣交错排开，十分规律，好像是有人特意一片一片仔细粘上去的。莲花有粉有白，最特别的是白色的莲花。夏雨滴滴答答落下，打湿了它精致的婚纱。白莲花就像个刚打扮好的新娘，有几滴圆圆的露珠好似点缀在婚纱上的珍珠。它在雨的细致打扮下似乎更美了。它给我一种冰凉感，它就是夏日中的一块冰，凉透了我的心。雨水将它洗净了，白色使它更加纯洁。它让我明白了，要拥有纯洁的心，要出于淤泥而不染。

秋——金菊飘香

秋天的风吹来一阵香，这阵香芳香浓郁、沁人心脾、十分清新。我嗅着香味寻到了这片金黄。真是奇怪，这明明是花香，我却又闻出了木质的香气。这让我对它感到好奇，想去发现它的美。它不同于其他花的花瓣，它的花瓣是长条形的。它也不像莲花那么统一，每瓣都不一样。它的颜色也有些不同。有的黄一点，有的橙一点，有的棕一点，从远处看去却是满地的金黄。花整体是伸展开的，没有那么紧凑，就像是"炸"开的。也正是这些不同的瓣，才组成了独特的菊花，它有一种不规则的美，这是它独一无二的美。它让我明白了，要做与众不同的自己，不用迎合大众，要有独一无二的特点。

冬——雪中寒梅

在墙角边堆起一个个雪堆，突然闻到一股淡雅的香气，是谁在鹅毛大雪中还仍然绽放呢？没错，是梅。我被这暗香吸引过来，"墙角数枝梅，凌寒独自开"，它好像正等待着别人发现。枝头上堆了一层厚厚的雪，可它不肯低头，就算枝条被压弯了，它也依旧开着，只为让人们在寒冬能看到它。它身形小巧，却靠自己的力量抗住寒冷，十分坚强。我俯下身来，看看它精美的身姿。花瓣是暗红色的，圆形的瓣延展开来。花蕊上的花粉从没被蜜蜂带走过，让它显得更黄了。寒冷又干燥的天气没有阻挡它的盛放，还是开得那么艳丽、那么有活力。它让我明白了，永远不要被困难压倒，要坚强。它宁折不屈的精神鼓舞着我们。

第三格：创格作文训练——中考实战超链接

【链接题目】

作文题目：

2020年广东省深圳市中考作文题目：

命题作文。（写作：40分。书写3分）

吹拂着庄稼的夜风，狂野繁密的露珠和满天的星星，都见证了燕子清贫的生活、高贵的美德和坚贞的爱情。

见证深圳建立经济特区40周年，2020年7月6日，深圳上榜2019年度、2020年度"中国十大美好生活城市"。

……美好生活需要创造者，也需要见证者。见证美好，有感动，有成长，也有幸福。

请以"见证美好"为题，联系生活实际，展开联想和想象写一篇文章。

要求：

1.字数不少于600字，不超过900字。

2.除诗歌外，文体不限。

3.文中不得出现真实的人名、地物、校名，如不可避免，请用×代替。

4.不得抄袭或套作。

【移花接木，创造精彩】

见证美好

周 岩

幽美的自然里有许多美好的事物，花瓣也有感情，桂花也有香灵，在那一刻，海棠也会悄露枝头，自然的佳景美不胜收。放眼望去，美景的音讯悄悄地向我们走来。

湖面晨雾

清晨，柔花缓落的湖水上撩起了一丝丝的轻雾。那雾如繁花一般扩散开来，草儿牵了一丝浓雾给自己做衣裳，花儿带了一缕清香给自己捂红妆，湖面拭了一簇荇草给自己当花环，雾所迷漫的地方，漫到土上，那土便像被冻住了一般，呆呆地看着浓雾，恰似看神妃仙子一般，那雾慢慢散了，留下了一道美丽的彩虹。我在清新淡雅的湖面上，见证了晨雾的美好。晨雾散去，一缕淡紫点缀林中。

林中幽花

竹林中一抹淡紫色映入眼帘，似一群蝴蝶，两朵花瓣相映成趣，它的圆瓣呈深紫色越往下照越淡，中间有点点乳白点缀其间，那花簇拥在一起，恰似蝴蝶兰，那一枝枝的花，聚在一起似也有美意，却似那美玉挂冰盘，似桂又如兰。我在幽迷幻境的林中，见证了蝴蝶兰的美好。蝴蝶兰的幽静让我想起了带着一抹香甜的金菊。

溪边金菊

那菊花开在盛夏，花瓣一朵一朵挨着开放，中间的花蕊却似那瘦月清霖霜，那花丛尽不一样，花瓣一朵挨着一朵，乳白色的条纹点缀在花瓣上，花瓣的花尖微微卷起，金菊越往下颜色越偏向棕色。花蕊处一颗颗小菜籽像黑宝石一般，闪着耀眼的光芒。五瓣青绿色的花萼把瘦弱的花缓缓托起。一丛浅淡一丛深，却似那霜清纸帐来新梦，圃冷斜阳忆旧游，这小小的花类卉仅有如此美好的景象，汝等惜之为不可叹者，妙矣！我在沁梅香竹的溪边，见证了金菊的美好。欣赏完金菊的淡雅，让我想起了月桂的沁人心脾。

院中月桂

桂花盛开的季节，整个院子里便沉浸在桂花那沁人心脾的味道里，桂花虽然香气袭人但植株却不大。花瓣如五角星一般温柔展开，淡黄的颜色漫在花瓣之间，细小的红色花蕊上沾着艳红的花粉，花瓣从橘红逐渐翻淡为鹅黄色。整朵花闻上去是那样的清甜、那样的幽香。整树花由一朵一朵的小花簇拥而成，也变得愈发好看了。我在落絮满天的院子里，见证了月桂的美好。

或瞬间，或永恒。我们在囊香飘榭的自然，一起见证美好！

见证美好

刘依如

优美的风景使人难以忘怀，它犹如水面上的那片花瓣让人倾心；它犹如古诗中的那段佳句让人回味；它犹如曲调中的那段激昂让人振奋。今年，我

有幸见证了美好。

黄头盔

看，那黄色的头盔穿梭于穿流不息的车群中；看，那黄色头盔被困在人山人海的道路上；看，那黄头盔现在某个不知名的街角处，抑或是漆黑的楼道中。疫情期间，他们在城市中奉献出自己的力量；在我被卷入城市快节奏的学习生活时，是他们不辞辛苦，给我送来芳香四溢的佳肴。他们无私奉献，他们不畏艰辛，他们不惧恶言相对，他们是城市中工作者——外卖小哥。因为有他们的存在，这里风景最美。

白大褂

看，那白色的大褂大步流星地行走在洁白的走廊中；看，那白色的大褂出现在静谧的病房中；看，那白色的大褂出现某个小小的角落，他们累了，合拢眼睛，呼吸一深一浅。我常常联想到他们在走廊急速地走着，手里推着小车，小车中是药抑或是稀饭，他们轻轻走到房门前，缓缓叩了叩门，便带开门，走了进去，他们左手端着小碗，右手攥着调羹，一口一口喂着病人吃早餐，尽管自己粒米未进滴水不沾。他们在转角处的小小角落，头靠着墙壁正酣睡，湿润的头颅渗出来汗滴，顿时护目镜上沾上了如同小珍珠似的小水珠。当他们摘下护目镜与口罩，脸上往往会出现被勾勒出的道道印记。他们不畏牺牲，为国家带来了希望。他们是人间四月天，他们是在一线努力奋斗的工作者——医护人员。因为有他们的存在，这里风景独美。

红网师

他们火了，他们红了。

看，他们坐在电脑屏幕前打字；看，他们出现在黎明的光辉里；看，他们正和蔼地笑着，他们正专心致志地讲着。他们在网络上传达着对我们的关心，他们在屏幕前表现出对我们的无限担忧。他们在天还灰蒙蒙时便起来了，我仿佛看到了他们在微弱的光线中细心准备着书本的知识；我仿佛看到了他们因为网络崩溃，眼里流露出黯淡神伤；我仿佛又看到了当学子学有所成，他们欣喜若狂的样子。他们无私奉献，他们不求回报，只希望学生能够做最好的自己，他们是我们身边最熟悉的人——老师。因为有他们的存在，这里风景独美。

黄头盔、白大褂、红网师，他们给我们带来阳光与露水，他们给我们带来希冀与光明。他们是春天里的那片嫩绿，是夏天里的那抹骄阳；他们是最独美的风景，为了人们的幸福生活做出了无私的奉献。在今年疫情肆虐之际，我见证了美好。

主题十二　细致刻画见神韵

——人物细节描写

深圳市龙岗区天誉实验学校　刘艾利

第一格：入格作文训练——细致刻画见神韵

【教学目标】

1. 知识与能力：理解什么是细节描写，学会在写作中安排细节描写，把作文写得鲜活生动。

2. 过程与方法：创设情境，感受细节，交流、评析细节描写。

3. 情感态度与价值观：养成观察的习惯，留心生活，发现生活中细节之美，从而热爱生活。

【教学重难点】

1. 理解什么是细节描写，学会在写作中安排细节描写，把作文写鲜活生动。

2. 创设情境，感受细节，交流、评析细节描写，提高共同研讨合作的能力。

【教学方法】

情境法、范例法、比较归纳法、小组合作交流法、练习法。

【教学过程】

（一）营造氛围，导入课题

课前播放班得瑞的钢琴曲《One day in spring》，幻灯展示：一张有神韵的图片。

1. 学生交流：你在细微处看到了什么？

2. 教师导入：俗话说："用细节打动你""于细微处见精神"，由此可见细节的重要性。作文也是如此，细节会使整篇文章鲜活、真实、生动。

（二）交流感知，感受细节描写之实

1. 提出问题：那么，什么叫细节描写呢？（点拨、归纳）

学生讨论、交流，教师点拨、归纳。

2. 教师点拨：首先我们轻松一下，运用你的火眼金睛去辨识出他（他）的身份。

3. PPT逐条展示：

（1）他在大街上走着。

（2）身穿黑衣服的他慢慢地在大街上走着。

（3）身穿黑衣服、戴着墨镜的他慢慢地在大街上走着，不时地左右观看。

（4）身穿黑衣服、戴着墨镜的他慢慢地在大街上走着，贼眉鼠眼地向四周张望，目光始终瞄着行人的口袋和背包。

（5）身穿黑衣服、戴着墨镜的他慢慢地在大街上走着，贼眉鼠眼地向四周张望，目光始终瞄着行人的口袋和背包。突然一阵警笛声使他身子一颤，立刻又恢复了常态。

4. 教师明确：细节描写是指抓住生活中细微而又具体的典型情节，加以生动细致地描绘。它具体渗透在对人物动作、语言、神态、心理、外貌以及自然景观、场面气氛、重要物件等的描写之中，使读者"如见其人""如睹其物"。细节描写有很多，今天我们重点学习人物的细节描写。

（三）对比品读，揣摩细节描写之妙

例文1：

我的妈妈三十岁左右，大眼睛，双眼皮，高鼻梁，个子不高不矮，身材不胖不瘦，梳披肩发，她做事麻利，但特别喜欢唠叨。

1. 讨论、思考：同学们看例文1，大家能猜出这是谁的妈妈吗？（学生反馈：不能，没有特点。）好，同学们的理解很到位，观察细腻，心思敏锐。那么，我们再来欣赏一篇佳作。

对比文：母亲曾经有过一头浓密的黑发，柔软、亮洁、光泽，由于一生辛劳，捧出所有的心血，奉献最纯洁的母爱，来抚育我们成长，所以未老先衰，四十几岁，头发开始花白。先是两鬓染霜，后来是额前飘白，就像春天黛青的远山里悄然冒出的一抹残雪，一丝丝，一缕缕垂在饱经风霜的脸上，再后来脑前脑后全沾满了白发，白得我们儿女们心疼。

——摘自冯瑞祥《母亲的白发》

2. 提出问题：哪个方面描写得最细致？是对什么方面进行细致的描写？怎么写的？谁来分析一下？

3.学生发言：畅谈所悟。（方法：自主探究→互助完善）

4.教师明确：巧妙地运用修辞，即比喻、拟人、夸张、反复等修辞手法，对事物加以淡妆浓抹，能使语言增亮增色，提高文章品位给人以美感。巧用修饰语是塑造人物形象，达到典型化的重要手段。

5.温馨提示：下面，老师给出"温馨提示"，学生备注。

方法一：突出重点　巧用修辞

方法二：动用感官　细微具体

……

那就是应用"看、听、感、想、做"五种方法去描写。应用看、听、感、想、做的方法，就像神仙那点石成金的五根手指头一样，可以把抽象的意思，生动地描写出来。

例文2："可怕的铃铛使者"

这个铃铛使者让我特别害怕，我一个人躲在角落里，就怕他会找到我。铃铛使者，实在可怕，非常可怕。这种可怕是文章所写不出来的。啊！铃铛使者，太可怕了，是世界上最可怕的人。可怕，可怕，真是可怕。

1.习作分析：显然，这段话写得很空洞。我们不妨用看、听、感、想、做的方法来试试，想一想。

那时候我的眼睛看到什么？（看）

我的耳朵听到什么？（听）

我的心里感到什么？（感）

我的脑里想到什么？（想）

我有没有采取什么行动？（做）

2.播放视频：带着这些"小贴士"，我们一起观看《奔跑吧，兄弟！》片段《王祖蓝挑战金钟国完败》。

3.师生互动：学生观看后，学生交流，完成练笔。

（四）布置作业

我们身边生活着形形色色的人：熟悉的、陌生的、漂亮的、丑陋的、善良的、可恶的、顽皮可爱的、成熟稳重的、活力充沛的、慈祥和蔼的……让我们拿起笔写一写，让这些人物活起来！

要求：

1. 体裁为记叙文，作文内容中务必安排至少一个细节描写。

2. 题目自拟，字数不少于500字。

（五）板书设计

细致刻画见神韵

方法一：突出重点 巧用修辞

方法二：动用感官 细微具体

……

例文

猜猜他是谁

龙 琳

眼睛炯炯有神，鼻子挺且直，两只耳朵向前招摇。清秀的眉目间流淌着一个男孩的独特气息，这长相也算出众了。

当他向我走来时，我招了招手，他先是一愣，呆了一会儿，然后咧开嘴笑。我用手指了指旁边的椅子，示意他坐下，可他还是傻笑着站在桌旁，我再一次用手指了指椅子，可他还是一动也不动地站着。我只好站起来，无可奈何地笑着说："同学，请坐！"他这才回过神来，坐在了椅子上。同学啊，你这反应也太迟钝了吧！

他拿笔盒时，笔盒卡在了书中间，死活拉不出来。我本以为他会把压在笔盒上的书取出，再将笔盒拿出来。可没想到他竟把整个书包抽出来，"哗啦"一声把书包里的东西全倒在地上，再从一堆书中翻出笔盒，最后将书和文具一一拣起放回书包。我在一旁看得目瞪口呆，同学啊，你这也太大动干戈了吧！

体育课上老师组织我们跑步比赛，我体能很差，常常游走于倒数第一和倒数第二之间，简直就是体育黑洞啊！而他，却是我体育课上钦佩的对象，常常拿第一。跑步时，他一副全神贯注的样子，使出全身的力气冲向终点。终于，那象征着胜利的红飘带到了他身上。这时候，悠扬的下课铃声缓缓于耳，仿佛在为他喝彩。同学啊，你这是刘翔附体了吧！

猜到他是谁了吗？他就是我的现任同桌——易冠桦，一个憨厚、朴实、认真、专注的男生。

一双鞋的秘密

肖玮帆

不早不迟，正好遇见你；不急不慢，开始回忆你。

——题记

"来喽！补鞋咯……""烦死了！"我翻了个身，不禁抱怨起来。最近，这种扰人的吆喝声经常打扰本小姐的美梦，为了我的"睡眠大计"，得想个十全十美的办法除去才行！不久，我便有了个"好主意"。

一天放学后，我看见那个老头儿果然还在那儿补鞋，便把我前几天从垃圾桶里捡的一双破的不能再破的鞋拿出来，然后脱了自己的鞋放在书包里，走过去说："帮我补一下这双鞋。"同时脸上露出难过的表情。那老人抬起头，笑了一笑，说道："这双鞋你是怎么弄坏的？"我说："是上体育课时弄破的。""怎样，没摔着吧？"我一时不知道该说什么好。他接着说道："这双鞋得明天才能修好了。现在已经晚了，孩子，你先回家，明天再来拿吧！"看他那认真的样子，我偷偷笑着走开了。

到了第二天，为了不让他看见我，我便绕了道去上学。放学了，我看见他的东西还摆在那儿，人却不见了。一连几天，我都没有去拿那双鞋。

"来喽，补鞋咯……"不久后的一天清晨，又传来了这熟悉的吆喝声，我顿时爬起来，往窗外一看，老人仍在那儿补鞋，他看起来更加消瘦了，脸色也更加苍白了。此时，我的内心感觉有些不舒服，我再也看不下去了，急忙冲下楼去取那双鞋。他一见我就说："孩子，你的鞋我已经补好了，这几天总不见你来拿，是忘了带钱吧？我帮你们学生补鞋是不收钱的！"听完他的话，我很惭愧。

到现在，我一直保留着这双鞋，每次看到它，就仿佛看见了老大爷辛劳的身影。重要的是，遇见他，我明白了人间的淳朴和善良。遇见，其实是一种缘分，就像那风和月，瞬间的吸引便成为永恒。

第二格：升格作文训练——细致入微凸鲜活

【教学目标】

1.知识与能力：学会在写作中安排细节描写，把作文写得鲜活生动。

2.过程与方法：升格作文，感受细节。

3.情感态度和价值观：养成观察的习惯，留心生活，发现生活中细节之美，从而热爱生活。

【教学过程】

（一）小试牛刀，发现细节描写之力

好的细节描写，就犹如一朵朵芬芳的花朵，有了它才能使人物性格鲜明，形象栩栩如生。老师只是抛砖引玉和大家一起学会其中的几点，之后大家可以对这个问题做进一步的探索，相信同学们一定可以超越自我，相信自己！

说了这么多，早就有很多同学跃跃欲试了，他山之石，可以攻玉。

1.升格作文

（方法：自主探究，互助完善。）

案例一：《我的数学老师》片段

原文：张老师是我的数学老师，他的脸圆圆的，眼睛小小的，戴一副黑框眼镜，在我们学习不认真时，眼睛就会发出很凶的光，我们都很怕他。

升格：小小的眼睛透露出睿智的光芒，圆圆的脸彰显他憨厚的性格，一副黑框眼镜表现出严谨的态度。他对我们要求很严格，不允许"马虎"的存在，否则他会用眼神把全身的热量聚焦在你的身上，让你脸红心灼。课上他是严格的张老师，课下他是暖心的大哥哥，我们都非常喜欢他，敬重他。

案例二：《我们的"女王"》片段

原文："女王"是我们的语文老师，她博学而幽默，说起话来可以几个小时不停，你听起来也不厌烦。她特别注意自己的言行举止，总是很优雅，所以我们私底下叫她"女王"，后来就在班里传开了，她也欣然接受。她爱穿裙子，我很少见她穿裤装，手上戴一个玉镯，很时尚。最开心的是，她很会笑，也会表扬我们。这就是我们的"女王"啦！

升格：只是在人群中多看了你一眼，就再也不能忘记你的容颜。我们

的语文老师，绸缎般的长发，飘逸的长裙，眉宇间散发着书香气，亭亭地站在那里，让你觉得她就是从语文书中走出来的，恰似她腕上的玉镯温润而雅致。她博学而幽默，说起话来可以几个小时不停，难得的是很生动，你不会觉得烦。她特别注意自己的言行举止，总是优雅知性，所以我们小组内私底下叫她"女王"，后来就在班里传开了，她也欣然接受。课堂上，当我们做出精彩的回答后，她总是露出灿烂的笑容，很是欣赏地说："你真会读书，你的思考很深刻！"

如果你来我们学校参观，看到一位女老师手拿语文书，从你身旁款款地飘过，自带光环，那可能就是我们的"女王"啦！

案例三：《可怕铃铛使者》片段

原文： 我听到了铃铛声，我壮着胆子向那边望，果不其然，一个穿着黑衣服的铃铛使者正向我这边跑来。我努力地镇定了一下，准备和他对抗，但是他太强悍了，我体力上不如他，于是我想转移他的注意力，然后偷袭，结果还是失败了。"王祖蓝，OUT！"的声音又浮现在上空，我只好离开。

升格： 隐隐约约的铃铛声缥缈而来，越来越近。我不禁抖了一下，刚才的斗志似乎不足以缓解我的焦躁。我的手心开始出汗，脊背后凉嗖嗖的寒气却在升腾，每个毛孔都不放过。趁我的斗志还有一丝余温，我努力地使自己镇定了下来，相信我可以！一个身着黑衣的彪悍肌肉男出现在我的眼前，没错，他就是铃铛使者。我没有跑的可能性，索性与他对抗。我深知自己在体型和力量上都不是他的对手，于是我考虑转移他的注意力，开始和他说些不相干的话，比如你为什么来中国，你怎么这么大块头等，然后准备趁机偷袭。无奈我们两个真不是一个重量级别的，我还是被他控制住，成了折叠式祖蓝，他撕掉了我的名牌。"王祖蓝，OUT！"的声音又一次响起，我很沮丧，但我还是很友好地和他握手，悻悻然暂时离开。

2. 师生点评学生作品（1～3人）。

3. 展示本人下水作品，引导点评。

小小的眼睛有一汪高深莫测的潭水，厚厚的嘴唇不时蹦出令人捧腹的字眼，大大的肚子里装满了各种社会道理和一串串笑话。腿不算长，却能在你尚未反应时出现在你的身边，用温和而有力的眼神给你爱的抚摸，让你无言地明白开小差的恶果。（《可爱的董莫老师》）

（二）梳理小结，提炼技法

1. 提出问题：细节描写有什么作用？常用的细节描写方法有哪些？

2. 教师明确：细节描写运用好，能起到画龙点睛的作用，可以增强作品的真实性，深化文章的主题，生动、形象，让文章富有表现力，给读者留下深刻的印象。

常见的细节描写方法：

（1）突出重点　巧用修辞

（2）动用感官　细微具体

……

3. 提出问题：怎样才能在自己的作文中安排好细节描写呢？

4. 教师小结：请记住这个口诀：

细节描写见精神！

精致入微观察后，

语貌动心细描绘，

外貌细节扣特征，

语言细节显个性，

行为细节重动作，

心理细节细揣摩。

（三）总结提高

通过本节课的学习，你有什么收获？（温馨提示：善于总结、敢于表达是每个人提升的标志。）

1. 我体会到了_____的情感；

2. 我学会了_____的知识。

于微处见妙，于细处见情，细节的力量就是"润物细无声"。生命因为有了细节，才成就美丽。文章因为描写细节，才创造精彩。

（四）修改作文

猜猜他是谁

龙 琳

炯炯有神的眼睛亮得像两颗黑葡萄，让人垂涎三尺；鼻子挺且直，像刀刻的一般，给人一种坚毅的感觉；两只耳朵像兔子一样，向前招摇。清秀的眉目间流淌着一个男孩的独特气息，这长相也算出众了。

当他向我走来时，我招了招手，他先是一愣，呆了一会儿，然后咧开嘴，露出一轮弯月的弧度。我用手指了指旁边的椅子，示意他坐下，可他还是傻笑着站在桌旁，我再一次用手指了指椅子，可他还是一动也不动地站着。我只好站起来，无可奈何地笑着说："同学，请坐！"他这才回过神来，坐在了椅子上。同学啊，你这反应也太迟钝了吧！

他拿笔盒时，笔盒卡在了书中间，死活拉不出来。我本以为他会把压在笔盒上的书取出，再将笔盒拿出来。可没想到他竟把整个书包抽出来，"哗啦"一声把书包里的东西全倒在地上，再从一堆书中翻出笔盒，最后将书和文具一一拣起放回书包。我在一旁看得目瞪口呆，同学啊，你这也太大动干戈了吧。

体育课上老师组织我们跑步比赛，我体能很差，常常游走于倒数第一和倒数第二之间，简直就是体育黑洞啊！而他，却是我体育课上钦佩的对象，常常拿第一。跑步时，他一副全神贯注的样子，老师一吹哨，他仿佛像是离弦之箭，"嗖"的一声掠过我身旁，直奔前方跑道。他双手握拳放在腰间，两条细长的腿在地面上有节奏地敲打着，那声音，是那样美妙，像一首婉转动听的曲子。他已经快抵达终点了，只见他抿了抿嘴巴，又将拳头握紧了些，使出全身的力气冲向终点。终于，那象征着胜利的红飘带到了他身上。这时候，悠扬的下课铃声缓缓于耳，仿佛在为他喝彩。同学啊，你这是刘翔附体了吧！

猜猜他是谁？好吧，不卖关子了，让我告诉你们，他就是我的现任同桌——易冠桦，一个憨厚、认真、专注的男生。

一双鞋的秘密

肖玮帆

不早不迟，正好遇见你；不急不慢，开始回忆你。

——题记

"来喽！补鞋咯……""烦死了！"我翻了个身，不禁抱怨起来。最近，这种扰人的吆喝声经常打扰本小姐的美梦，为了我的"睡眠大计"，得想个十全十美的办法除去才行！不久，我便有了个"好主意"。

一天放学后，我看见那个老头儿果然还在那儿补鞋，便把我前几天从垃圾桶里捡的一双破的不能再破的鞋拿出来，然后脱了自己的鞋放在书包里，走过去说："帮我补一下这双鞋。"同时脸上露出难过的表情。那老人抬起头，他的面色是那样的苍白，额头上的皱纹勾勒出一个醒目的"王"字，两鬓苍苍。他笑了一笑，说道："这双鞋你是怎么弄坏的？"我只好支支吾吾地说："是上体育课时弄破的。""怎样，没摔着吧？"我一时不知道该说什么好。他接着说道："这双鞋得明天才能修好了。现

在已经晚了，孩子，你先回家，明天再来拿吧！"看他那认真的样子，我偷偷笑着走开了。

到了第二天，为了不让他看见我，我便绕了道去上学。放学了，我看见他的东西还摆在那儿，人却不见了。一连几天，我都没有去拿那双鞋。

"来喽，补鞋咯……"不久后的一天清晨，又传来了这熟悉的吆喝声，我顿时爬起来，往窗外一看，老人仍在那补鞋，他看起来更加消瘦了，脸色也更加苍白了。此时，我的心震了一下，眼睛湿润了，不知是因为老人的辛劳，还是因为自己捉弄他的行为而感到羞耻。我再也看不下去了，急忙冲下楼去取那双鞋。他一见我就说："孩子，你的鞋我已经补好了，这几天总不见你来拿，是忘了带钱吧？呵呵，没关系，我帮你们学生补鞋是不收钱的，拿着，你可得好好读书啊！"听完他的话，我抱歉地问："老大爷，您没事吧？""啊？没事！"他略带不好意思地笑道。

到现在，我一直保留着这双鞋，每次看到它，就仿佛看见了老大爷辛劳的身影。重要的是，遇见他，我明白了人间的淳朴和善良。遇见，其实是一种缘分，就像那风和月，瞬间的吸引便成为永恒。

第三格：创格作文训练——中考实战超链接

【链接题目】

作文题目一：

题目：一个我最要感谢的人

提示：在你的成长经历中，有无数的人给你温暖、快乐、幸福……怀着一颗感恩的心，回忆起这其中的点点滴滴，你的心里一定充满了感激。你最想感谢的人是谁？赶快拿起笔把这感人的故事告诉大家。

要求：

1. 用词准确，标点正确。

2. 语句通顺，连贯。不少于500字。

作文题目二：

（2015年广东省卷）特别，意思是"与众不同，不普通"。生活中，一个人，一件物；一丝微笑，一个眼神，一声问候；或者一次旅行，一场球赛，一段情谊；甚至一缕阳光，一抹色彩……都令人回味、感怀。请以"特别的_____"为题，写一篇作文。

要求：

1. 把题目补充完整；

2. 自选文体；

3. 不少于500字；

4. 文中不得出现真实的人名和校名。

【移花接木，创造精彩】

特别的同桌

龙　琳

"朋友一生一起走，那些日子不再有。一句话，一辈子，一生情，一杯酒。朋友不曾孤单过，一声朋友你会懂……"周华健的这首歌不知唱出了多少人的心声。在我心里，我的同桌，就是我一生的朋友。

　　炯炯有神的眼睛亮得像两颗黑葡萄，让人垂涎三尺；鼻子挺且直，像刀刻的一般，给人一种坚毅的感觉；两只耳朵像兔子一样，向前招摇。清秀的眉目间流淌着一个男孩的独特气息，这长相也算出众了。

　　当他向我走来时，我招了招手，他先是一愣，呆了一会儿，然后咧开嘴，露出一轮弯月的弧度。我用手指了指旁边的椅子，示意他坐下，可他还是傻笑着站在桌旁，我再一次用手指了指椅子，可他还是一动也不动地站着。我只好站起来，无可奈何地笑着说："同学，请坐！"他这才回过神来，坐在了椅子上。同学啊，你这反应也太迟钝了吧！

　　他拿笔盒时，笔盒卡在了书中间，死活拉不出来。我本以为他会把压在笔盒上的书取出，再将笔盒拿出来。可没想到他竟把整个书包抽出来，"哗啦"一声把书包里的东西全倒在地上，再从一堆书中翻出笔盒，最后将书和文具一一拣起放回书包。我在一旁看得目瞪口呆，同学啊，你这也太大动干戈了吧。

　　体育课上老师组织我们跑步比赛，我体能很差，常常游走于倒数第一和倒数第二之间，简直就是体育黑洞啊！而他，却是我体育课上钦佩的对象，常常拿第一。跑步时，他一副全神贯注的样子，老师一吹哨，他仿佛像是离弦之箭，"嗖"的一声掠过我身旁，直奔前方跑到。他双手握拳放在腰间，两条细长的腿在地面上有节奏地敲打着，那声音，是那样美妙，像一首婉转动听的曲子。他已经快抵达终点了，只见他抿了抿嘴巴，又将拳头握紧了些，使出全身的力气冲向终点。终于，那象征着胜利的红飘带到了他身上。这时候，悠扬的下课铃声缓缓于耳，仿佛在为他喝彩。同学啊，你这是刘翔附体了吧！

　　猜猜他是谁？好吧，不卖关子了，让我告诉你们，他就是我的现任同桌——易冠桦，一个憨厚、认真、专注的男生，一个可爱、顽皮、懂事的男生，也正是因为有这样一个同桌，我的课余生活才充满了乐趣，我的学习生涯才有了连接不断的欢笑。我喜欢这个特别的同桌！

一个我最要感谢的人

肖玮帆

生活是一场电影，无数画面闪烁而过，只留下少得可怜的痕迹。可是有些镜头，尽管看起来不尽如人意，却被我们铭记一生。

"来喽！补鞋咯……""烦死了！"我翻了个身，不禁抱怨起来。最近，这种扰人的吆喝声经常打扰本小姐的美梦，为了我的"睡眠大计"，得想个十全十美的办法除去才行！不久，我便有了个"好主意"。

一天放学后，我看见那个老头儿果然还在那儿补鞋，便把我前几天从垃圾桶里捡的一双破的不能再破的鞋拿出来，然后脱了自己的鞋放在书包里，走过去说："帮我补一下这双鞋。"同时脸上露出难过的表情。那老人抬起头，他的面色是那样的苍白，额头上的皱纹勾勒出一个醒目的"王"字，两鬓苍苍。他笑了一笑，说道："这双鞋你是怎么弄坏的？"我只好支支吾吾地说："是上体育课时弄破的。""怎样，没摔着吧？"我一时不知道该说什么好。他接着说道："这双鞋得明天才能修好了。现在已经晚了，孩子，你先回家，明天再来拿吧！"看他那认真的样子，我偷偷笑着走开了。

到了第二天，为了不让他看见我，我便绕了道去上学。放学了，我看见他的东西还摆在那儿，人却不见了。一连几天，我都没有去拿那双鞋。

"来喽，补鞋咯……"不久后的一天清晨，又传来了这熟悉的吆喝声，我顿时爬起来，往窗外一看，老人仍在那儿补鞋，他看起来更加消瘦了，脸色也更加苍白了。此时，我的心震了一下，眼睛湿润了，不知是因为老人的辛劳，还是因为自己捉弄他的行为而感到羞耻。我再也看不下去了，急忙冲下楼去取那双鞋。他一见我就说："孩子，你的鞋我已经补好了，这几天

总不见你来拿，是忘了带钱吧？呵呵，没关系，我帮你们学生补鞋是不收钱的，拿着，你可得好好读书啊！"听完他的话，我抱歉地问："老大爷，您没事吧？""啊？没事！"他略带不好意思地笑道。

到现在，我一直保留着这双鞋，每次看到它，就仿佛看见了老大爷辛劳的身影。重要的是，遇见他，我明白了人间的淳朴和善良，如诗般蕴意深长，吟过黎明，诵过黄昏，氤氲在人生淡定的暮霭中，传送在每个人灵魂最绮丽的地方。老大爷，谢谢你！